10대 꿈을 이루기 위한
성장 매뉴얼

10대, 꿈을 이루기 위한

성장 매뉴얼

- -

초판 1쇄 펴낸날 | 2018년 6월 25일

지은이 | 이충호
펴낸이 | 이종근
펴낸곳 | 도서출판 하늘아래

주소 | 서울특별시 종로구 이화동 27-2 부광빌딩 402호
전화 | 02 374 3531
팩스 | 02 374 3532
이메일 | haneulbook@naver.com

등록번호 | 제300-2006-23호

ISBN 979-11-5997-019-1 43190

아직 꿈을 찾지 못한 10대를 위한 안내서

10대, 꿈을 이루기 위한

성장 매뉴얼

이충호 지음

머리말

어떻게 하면 성공할 수 있을까?

청소년이라면 누구나 몇 번이고 생각해보지 않은 사람은 없을 것이다. 그러나 많은 10대들이 마음으로는 성공적인 삶을 간절히 소망하고 있으면서도, 정작 성공적인 인생을 위한 준비는 전혀 하지 못하고 있는 것이 현실이다.

거기에다 아쉽게도 학교에서는 원리원칙적인 것을 가르칠 뿐, 사회에 효과적으로 적응하여 성공에 이르게 하는 방법에 대해서는 가르쳐주지를 못한다.

그러는 동안에 세월은 흘러 사회에 진출하게 되었을 때. 그들은 나름대로 무언가를 성취하려고 노력하고 있지만, 그들이 원하는 성취와는 거리가 먼 곳에서 스스로가 만든 벽에 부딪혀 앞으로 나아가지를 못하고 허덕이고 있는 것이다.

그 벽이란 다른 것이 아니다. 어떤 조그만 실패나 주위의 자극에도 쉽게 '나는 할 수 없다'고 생각해버리는 부정적인 사고의 벽이다. 이런 부정적인 사고는 자신의 모든 능력발휘를 억눌러버리는 원인이 되어 자기의 발전을 근원적으로 막고 있는 것이다.

이렇듯 사회환경에 적응하지 못하고 실패하는 가장 큰 원인은 청소년들이 사회환경에 대처해나가는 준비가 전혀 되어 있지 않다는 데에 있다.

이 책은 이 같은 사실에 유의하여 10대들에게 사회진출에 앞서, 정신력을 키워주는 방법에서부터 시작하여 자기 속에 숨겨져 있는 잠재능력 내지는 가능성을 발견하고 계발하는 데 이르기까지의 과정을, 자기계발의 방법으로 실행해 나가도록 꾸며져 있다. 아마 이것을 잘 적용하여 실천해 나간다면 모든 일에 자신감이 생겨 무엇을 원하든 그것을 성취하는 데 크게 도움이 될 것이다.

이 책에서 제시한 자기계발의 전략은 오래 전부터 수많은 성공자들에 의해 경험으로 그 효과를 실증해온 것들이다. 이것은 어려운 이론이나 학설이 아니다. 10대들이 누구라도 쉽게 이해하고 활용할 수 있도록 설명해놓았다.

아무쪼록 이 책이, 성공적인 인생을 꿈꾸는 10대들이 자신만의 꿈을 디자인하는 데, 조금이라도 도움이 되었으면 하는 바람이다.

저자 이충호

목차

머리말

서장

───────────

자기계발의 목적

1. 자기계발의 필요성

자기계발이란 무엇인가

자기계발이란 자기의 능력 또는 가능성을 스스로 계발하는 것이다. 다시 말하면 자기가 주체가 되어 자기의 능력을 계발하는 것이다. 구체적으로 무엇을 계발하느냐 하면 자기 속에 숨어 있는 잠재능력 또는 가능성을 계발하는 것이다.

따라서 자기계발은 자기의 잠재능력을 찾아내 그것을 계발함으로써 보람있는 삶을 창조하는 것이다. 이 같은 자기계발은 곧 성공에 이르는 지름길이 되어주기도 한다.

자기계발의 특징은 계발의 주체가 타인이 아니라 자기 자신이라는 점이다. 따라서 자기를 계발한다는 것은 ① 스스로 계발의 목표를 설정하고, ② 스스로 계발의 방법을 계획하며, ③ 스스로 계발을 하고, ④ 스스로 계발의 성과를 검토한다는 것을 의미한다. 즉 계발의 모든 단계에 있어서 주체는 항상 자기인 것이다.

이런 의미에서 볼 때 자기계발을 '자력계발', '자발적 계발' 또는 '자주적·자발적 계발'이라고 고쳐 쓰면 그 의미가 한결 분명해진다.

자기계발은 왜 필요한가

'학교의 우등생, 사회의 열등생'이라는 말이 있다. 학교시절의 우등생이면 사회에 나와서도 우등생이 되어야 하는데, 그와는 반대로 열등생이 되어버리는 이유는 무엇일까? 그것은 자기의 머리만 믿고 사회에 적응하려는 노력을 소홀히 했기 때문이다.

더구나 학교교육은 원리원칙적인 것을 가르치고 있기 때문에 실생활과는 거리가 있는 데다가, 사회의 변화에 따라 실제의 생활에 적용되기가 어려운 면도 없지 않다. 그런데 학교에서 배운 지식만 믿고 새로운 지식과 정보를 받아들이는 자기계발에 소홀했으니, 시대에 뒤떨어지고 생존경쟁에서 낙오될 수밖에 없게 되는 것이다.

그런데다가 사회에 나온 뒤에는 더 이상 가르쳐주는 사람도 없고, 또 가르쳐줄 수 있는 성질의 것도 아닌 것이 대부분이니, 변화하는 사회환경에 효과적으로 적용하기 위해서는 자기계발에 의존할 수밖에 없다. 여기에 자기계발이 필요한 이유가 있는 것이다.

더욱이 자기계발은 사람이 외부로부터 수동적으로 교육과 훈련을 받는 것보다는 자기가 주체가 되어 자기의 필요에 의해서 능동적으로 자기의 능력을 계발하는 것이기 때문에 그 성과는 비교할 수 없을 만큼 월등하다는 것이 실증되고 있으므로, 자기계발의 필요성은 더욱 요구되고 있는 것이다.

이제 사회생활에 있어 자기계발은 성패를 가늠하는 수단이 되고 있다. 어려서는 몰라도 제 일은 제가 알아서 할 수 있는 나이가 된 뒤에는, 자기가 잘 되고 못 되는 것, 자기가 성공하고 실패하는 것은 오로지 본인의 자기계발 여부에 달려 있다고 할 것이다.

2. 자기계발의 목적

정신력 강화를 위한 자기계발

사람의 모든 생각과 행동을 좌우하는 것은 정신력이다. 굳건한 정신력이 없이는 아무것도 이루어낼 수가 없다. 정신력의 계발은 여러분으로 하여금 용기와 희망과 자신감을 갖게 할 것이며, 여러분의 앞길에 일어날지도 모를 어떠한 어려움도 극복할 수 있는 힘을 만들어줄 것이다.

자기관리를 위한 자기계발

사회진출에 성공하려면 재능 못지않게 철저한 자기관리가 필요하다. 자기관리에 철저해야 사회환경에 효과적으로 적응해나갈 수 있고 성공할 수 있다. 특히 감수성과 흡수력이 왕성한 시기에 좋은 습관과 인격을 길러두면 그것으로 인하여 자기의 능력을 향상시키고 성공적인 삶을 이루게 할 것이다.

재능신장을 위한 자기계발

인간은 자기 속에 숨겨져 있는 재능 즉 잠재능력을 계발함으로써 삶의 보람과 질을 높일 수 있다. 그러나 많은 사람들이 자기의 잠재능력 내지는 가능성을 계발은커녕 발견하지도 못한 채 살아가고 있다. 그러므로 재능을 발견하고 그것을 계발함으로써 삶의 보람을 창조해야 한다.

3. 자기계발의 목표 설정

목표설정의 중요성

1961년, 존 F. 케네디 미국 대통령이 당선되었을 무렵, 미국과 소련은 인공위성 개발을 둘러싸고 경쟁을 벌이고 있었는데 미국이 많이 뒤떨어지고 있었다.

케네디 대통령은 취임에 즈음하여 '1990년대 후반기까지는 인류를 달에 도착시키도록 한다' 는 목표를 설정하였다. 이것이 그 유명한 아폴로계획이다. 이 계획은 절대적으로 가능성이 있다고 확신했기 때문에 계획한 것이겠지만, 과학자들은 대부분 '빨라야 1995년 경에나 가능할 것' 이라고 전망했다.

그러나 무모하기는 했어도 이 목표를 설정하고 미국의 국력을 아폴로계획에 쏟은 결과, 과학자들의 예상을 25년이나 앞당겨 1969년 7월 21일, 달에 인간을 최초로 착륙하게 했던 것이다.

인류는 수천 년 동안 달나라에 가는 꿈을 꾸어왔다. 그러나 그 꿈은 어디까지나 '달나라에 가고 싶다'는 막연한 소원이었을 뿐 '달나라에 언제까지 가겠다'는 목표를 설정한 사람은 없었다.

목표에는 자신의 의지가 들어가 있고, 또 구체적으로 생각하고 실천에 옮기는 행동이 뒤따르는 것이다. 만약 케네디 대통령이 그런 목표를 설정하지 않았다면 그 같은 과학적 성취는 불가능했을 것이다.

이렇듯 목표를 설정한다는 것은 대단한 위력을 발휘할 수 있는 계기를 마련하는 것이므로, 미래에 도전하는 꿈 많은 10대들에게 있어 목표설정은 불가결한 요소로, 그 중요성은 새삼 강조할 필요가 없다.

목표를 설정할 때 유의할 점

목표는 달성이 가능하고 현실적이어야 하기 때문에 목표설정을 위해서는 다음의 몇 가지에 유의하여 설정해야 한다.

첫째, 자기 스스로 목표를 세워야 한다.

목표를 세우는 데는 어디까지나 자기 스스로 깊이 생각하고 설정하도록 해야 한다. 다른 사람의 도움을 구하는 것은 좋지만, 최종결정은 본인이 해야 한다. 자기가 세운 목표라야 동기유발도 잘 되고 스스로 최선을 다해 그 목표를 달성하려고 하는 의지와 열의가 생기고 책임감도 생긴다. 그러므로 목표는 자기에게 가치가 있는 것이라고 생각하는 것이 아니고는 목표가 되지 않는다.

둘째, 구체적인 목표가 되어야 한다.

목표가 막연한 기대나 소원이 되어서는 안 된다. 목표가 구체적이지 못하고 분명하지가 않으면 공상이나 상상에 불과하다. 희미하게 보이는 표적물은 맞추기가 어려운 것처럼, 애매모호하거나 추상적인 목표는 달성하기가 어렵다. 그러므로 목표는 자기가 기대하는 구체적인 결과를 표시하고 있어야 한다.

셋째, 실현가능성이 있는 목표를 세워야 한다.

목표는 현실적으로 달성이 가능한 것이 되어야 한다. 자기 스스로의 힘으로 할 수 있는 것이라야 동기유발이 되고 자신감도 생겨나는 까닭이다. 따라서 현실성 있는 목표는 자기의 능력과 여러 여건을 종합적으로 검토하여 목표를 세우는 것이다.

제1장

정신력 계발 전략

제1절

비전을 가져라

1. 비전은 성공의 원동력이다

비전은 인생길의 길잡이

청소년은 모름지기 비전(Vision)을 가져야 한다. 비전은 곧 우리 인생길에 길잡이가 되기 때문이다. 어두운 바다를 항해할 때, 북극성은 우리의 방향을 가리키는 뚜렷한 길잡이가 되듯이 비전은 우리의 인생길에 분명한 길잡이가 되는 것이다.

비전은 꿈이요, 이상이요, 포부요, 성취욕구이다. 젊은이들이 비전을 가졌을 때 비로소 이상을 추구하게 되고, 목표에 도전하게 되고, 승리를 향해 전진하게 되고, 자기향상을 위해 분투노력하게 된다.

비전은 인간의 위대한 힘의 원천이다. 비전이 우리 마음속에 박힐 때, 우리는 비범해지고 용감해지고 진지해진다.

청소년이여! 승리하는 인생이 되기를 원하면 가슴속 깊이 비전을 품고 용감하게 도전해보라. 비전이 여러분의 인생의 대업을 성취케 할 것이다.

여기 비전을 갖고 대업을 성취한 사람을 떠올려본다.

에이브러햄 링컨은 열아홉 살 때 뉴올리언스에서 노예시장을 보았다. 백인들이 아프리카에서 잡아온 흑인들을 마치 물건처럼 사고 팔고 있었다. 노예들은 울면서 부모형제와 헤어졌다. 백인의 채찍을 맞으며 짐승처럼 끌려가는 흑인노예를 보고 링컨은 큰 충격을 받았다.

'세상에 이럴 수가 있단 말인가' 자유와 평등과 민주주의를 표방하는 나라인 미국에 이런 노예제도가 있다는 것이 부끄럽기 짝이 없었다. 그는 의분을 금할 수가 없었다.

링컨은 결심했다. '때가 오면 저런 비인도적인 노예제도를 반드시 없애버리겠다'고.

그 후 30년이 지나 링컨은 대통령이 되어 젊은 날에 품었던 노예해방의 꿈을 실현시켰다.

뜻이 간절하면 반드시 이루어지는 날이 있다. 링컨이 노예해방의 역사적 위업을 이루게 한 것은 두말할 것 없이 젊은 시절 그의 가슴속에 박힌 비전의 힘이었다. 비전이 그를 용감하게 만들었고, 큰그릇으로 만들어 대업을 성취케 한 것이다.

비전은 곧 위대한 힘의 원천이요, 성공의 원동력이다.

야망을 품어라

Boys be ambitious!(청소년이여 야망을 품어라)

이 얼마나 멋진 명언인가!

이 말은 일본의 개화기에 미국인 콜린 클라크 박사가 일본 정부의 초청을 받아 북해도 농업학교에 와서 일본 학생들을 가르치고, 본국으로 돌아갈 때, 고별인사로 남긴 유명한 교훈의 말이다.

그는 저명한 교육학자로 일본 학생들에게 많은 감화와 영향을 끼쳤다. 이 짤막한 한마디가 그 당시의 일본 학생들에게 엄청난 큰 영향을 주었다. 이 학교에서 훌륭한 인재들이 많이 배출되었는데, 그 사람들은 모두 이 말에 크게 영향을 받았다고 한다.

이 말은 매우 간결하지만, 많은 함축된 의미를 가지고 있다. 삶에 희망을 주고 의욕을 일으키고 용기와 보람을 준 이 한마디 말은 젊은 세대에게 꿈을 안겨주는 명언으로 길이 남아 있다.

소년시절 나 또한 이 명언을 책상머리에 붙여놓고 늘 마음을 새롭게 다짐했던 경험이 있다. 그 만큼 이 말은 청소년들에게 꿈을 심어주는 데 결정적 동기를 제공한 명언이다.

꿈은 크게 뜻은 높게

청소년은 모름지기 꿈이 있어야 한다. 야망이 있어야 한다. 그 꿈과 야망이 그 인생을 일어서게 만들고 또 기어코 뜻을 이루게 하는 것이다.

조선 중기의 대학자인 율곡 선생은 일찍이 《격몽요결》이라는 책의 첫장에 먼저 입지(立志)를 강조했다. 그는 인생에서 가장 중요한 것은 먼저 꿈을 가지는 일이요, 뜻을 세우는 것이라고 했다. 나는 장차 무엇을 하겠다거나, 어떠한 사람이 되어야 하겠다는 분명한 목표의식을 가지고 살아가야 한다는 것이다.

우리는 뜻을 세우되 큰 뜻을 세우고 또 옳은 뜻을 세워야 한다. 위대한 인물일수록 큰 뜻을 품고 높은 목표를 세운다. 그 뜻과 목표가 얼마나 크고 높으냐에 따라서 그 인간의 그릇의 크기가 결정된다. 같은 사람으로 태어나서 어떤 사람은 큰 인물이 되고 어떤 사람은 평범한 인물이 되는가는 전적으로 여기에 달린 것이다.

큰 뜻을 품고 목표를 높게 세운다는 것은 그 만큼 노력의 질과 양이 크고 높다는 것을 의미한다. 백두산에 오를 것을 목표로 하는 사람은 백두산 정상에 오를 만큼 준비하고 노력하는 데 그치게 되고, 에베레스트에 오를 것을 목표로 하는 사람은 에베레스트에 오를 만큼 준비하고 노력하게 마련이다. 꿈이 크면 클수록 성취에 필요한 열정을 더 크게 불러일으켜 주기 때문이다.

꿈을 크게 뜻을 높게 세우라! 그리고 그것을 성취하기 위하여 전력투구하라! 그렇게 될 때, 여러분은 반드시 최선의 결과로 보상받게 될 것이다.

2. 왜 꿈이 필요한가

꿈이 있는 사람과 없는 사람의 차이

꿈이란 일생을 통해 간절히 바라며 성취하고 싶은 욕망이다. 꿈을 갖는다는 것은 그것을 실현하기 위하여 마음으로 다짐하고 분투노력하려는 몸부림의 과정이다.

더욱이 어릴 때 강렬하게 마음에 새겨진 꿈은 자석과도 같아서 모든 생각과 행동을 그 뜻을 이루는 방향으로 이끌어주며 모든 일에 열정을 기울이게 만든다. 또 꿈을 실현하겠다는 강력한 욕망은 꿈을 가진 자를 끊임없이 자극하여 하고자 하는 일에 열중하게 만들고 계획을 세우게 하며, 그 일에 정성을 다하여 전력투구하게 하여 마침내 뜻을 이루어 성공하게 만드는 것이다. 꿈이 필요한 이유가 바로 여기에 있다.

꿈을 가지고 있는 사람은 자기가 이루고자 하는 장래의 목표가 확실히 서 있기 때문에, 그 목표실현을 향해 끊임없이 배우고 노력하며 자기향상을 위하여 꾸준히 앞으로 나아가려고 한다. 또 필요성을 느껴서 하는 일이기 때문에, 어떠한 어려움이나 고난을 당할지라도 꿈을 실현하려는 강력한 욕망으로 이를 이겨내고 앞으로 전진해 나간다.

그러나 꿈이 없는 사람은 자기가 나아가야 할 목표가 서 있지 않기 때문에 할 일 없이 한가롭게 아까운 시간만 헛되이 흘려보내게 된다. 뭔가 해보고 싶거나 되고 싶은 것이 없으니 해보고자 하는 의욕도 생길 리 없고, 그래서 무기력한 나날을 보낼 수밖에 없게 된다. 시간이 지날수록 나태해져서 삶의 의욕을 잃은 채 마침내 인생의 낙오자가 된다.

이렇듯 꿈이 없고 목표가 없이 살아가는 사람은 마치 자기가 어디로 가는지도 모르면서 무작정 걷기만 하는 것과도 같고, 또 나침반 없이 바다를 항해하는 배와 같다.

입지(立志)의 효과

꿈은 곧 청소년들을 성장시키는 힘이 되고 뜻을 이루게 하는 촉진제이다. 때문에 꿈을 확실하게 심어만 놓으면 그 꿈과 야망이 그들로 하여금 스스로 일어서게 만들고 또 기어코 뜻을 이루게 하는 것이다.

청소년들이 꿈을 품게 되면 장차 자신이 어떤 일을 해야 하고 또 어떤 사람이 되어야 한다는 분명한 목표의식과 굳은 의지를 가지고 살아가기 때문에 한눈팔지 않고 앞으로 전진하게 된다. 또 누가 일일이 간섭하지 않아도 스스로가 자신이 해야 할 일을 찾아 열심히 노력하게 된다.

그러므로 성공인이 되고 싶다면 무엇보다 먼저 할 일은 어릴 때부터 꿈을 품는 것이 무엇보다도 중요하다.

3. 목표가 있어야 발전한다

목표설정의 놀라운 위력

꿈은 사람으로 하여금 그의 정열과 노력을 한 목표에 집중하도록 이끌어준다. 아무리 지혜가 많고 능력이 뛰어나도 목표를 설정하지 않으면 그 힘은 분산되고 만다. 그러나 명확한 목표를 가지고 있으면 마음은 언제나 그 목표에 집중하고 그 실현을 위해 전진해 나가게 되어 있다.

미국의 예일대학에서 졸업생들을 대상으로 '인생의 목표를 설정하고 그 실행계획을 가지고 있는가'를 조사했더니, 불과 3%의 학생만이 그렇다고 대답했고 나머지 97%는 확실한 목표를 세우지 않고 졸업을 했다. 20년이 지난 후 그들을 다시 찾아가 그들의 재정능력을 평가한 결과는 실로 충격적이었다. 확실한 목표를 세워놓고 있었던 3%의 졸업생의 연수입의 합계가 나머지 97%의 졸업생들의 연수입 합계보다 더 많았다는 것으로 나타났다.

비록 재산의 소유능력이 인생의 진정한 성공의 기준이 될 수는 없겠지만, 이러한 조사결과는 우리에게 목표설정의 놀라운 위력을 생생하게 보여주는 것이다.

이것뿐만 아니라 또 하나의 놀라운 이야기는 왜 꿈을 품어야 하고, 목표를 세워 살아야 하는지를 다시 한번 분명하게 우리에게 설명해주고 있다.

미국의 하버드대학에서는 자라온 환경과 IQ, 학력 등 서로 비슷한 환경에서 자라온 사람들을 대상으로 '꿈, 즉 목표가 인생에 끼치는 영향'에 대해서 연구조사를 했는데, 참으로 놀라운 사실이 발견되고 있다.

이에 의하면, 27%의 사람은 아예 목표가 없었고, 60%는 희미하지만 목표가 있었으며, 10%는 목표가 있었지만 단기적이었다. 단지 3%의 학생만이 명확하게 장기적인 목표를 갖고 있었다.

그 후 이들을 25년간 끈질기게 추적 연구한 결과, 명확하고 장기적인 목표가 있었던 3%의 사람들은 25년 후에 사회각계의 최고 인사가 되어 있었고, 대부분 사회의 주도적인 위치에서 영향력을 행사하고 있었다. 10%의 단기적인 목표를 지녔던 사람들은 대부분 사회의 중상위층에 머물러 있었으며, 사회 전반에 없어서는 안 될 전문가로 활동하고 있었다. 목표가 희미했던 60%의 사람들은 대부분 사회의 중하위층에 머물러 있었으며, 모두 안정된 생활환경에서 일하고 있었다.

그런데 27%의 목표가 없이 살아온 사람들은 어떻게 되었을까? 그들을 주목할 필요가 있다. 그들은 모두 취업과 실직을 반복하며 사회가 나서서 구제를 해주어야만 하는 최하위 수준의 생활을 하고 있었다.

꿈이 있고 목표가 있어야 발전하고 성취할 수 있다. 명확한 목표의식을 가지고 최선을 다하는 사람만이 크게 성공할 수 있다는 것이 이 사회의 냉엄한 법칙이다.

이제 나는 어떤 부류에 속하는 사람이 되어야 할까? 각자의 깊은 각성과 결단이 있어야 한다. 여기에 바로 여러분의 미래가 달렸기 때문이다.

자기계발을 하려는 사람, 즉 최상의 성취를 추구하는 사람은 결코 목표 없는 삶을 살지 않는다. 그들은 높은 목표를 추구한다. 자기계발하려는 사람의 뚜렷한 특징은 목표지향적인 삶에 있다.

목표설정의 효과

목표를 명확히 세우면 어떤 효과가 있는지 좀더 구체적으로 살펴보기로 하자.

첫째, 목표를 세우면 자기가 하는 일이 분명해지고 그 목표를 달성하기 위해 모든 정열과 노력을 그 목표의 실현에 집중하게 된다.

둘째, 목표를 세우면 사람의 마음은 무의식적이라 할지라도 목표가 있는 방향으로 이끌어가게 한다. 특히 명확한 목표를 가지고 있으면 마음은 언제나 그 목표에 집중되고 그 실현을 위해 전진하게 된다.

셋째, 목표를 세우면 가는 방향이 분명하므로 그 길에서 벗어나지 않으며, 외부의 방해나 혼란으로부터 벗어날 수 있다. 쓸데없는 일에 시간과 정열을 낭비하지 않으며 한눈팔지 않고 자기 일에 집중할 수 있다.

넷째, 목표를 세우면 시간을 아껴 쓰고 계획적인 생활을 하고 또 자기가 한 말에 대해서 책임을 지고 태도에도 신중을 기하게 된다.

다섯째, 목표를 세우면 늘 그것만을 생각하게 됨으로써, 잠재능력이 발휘되어 아이디어와 창의력이 생기게 된다.

여섯째, 목표를 세우면 그 목표를 달성할 수 있는 구체적인 실천계획을 끌어낼 수 있다.

4. 꿈을 품으면 왜 현실로 실현되는가

꿈이 현실로 실현되는 이유

머리는 좋은데 성적이 오르지 않아 걱정하는 학생들이 적지 않다. 성적이 오르지 않는 이유에는 여러 가지 원인이 있겠으나, 그 중의 중요한 이유 가운데 하나는 '집중력이 없다'는 것이다. 즉 마음이 흩어져 있어 공부하는 데에 정신을 집중하지 못하고 있다는 뜻이다.

그럼 어떻게 해야 공부하는 데 집중할 수 있게 만들 수 있을까? 그것은 목표를 세워서 차근차근 공부하는 것이다. 이것은 비단 공부에만 해당하는 것이 아니라, 세상의 모든 일에 적용되는 것이다.

사람은 해야 할 과제가 뚜렷할 때 집중적으로 일할 수 있다. 목표가 없거나 막연하면 어디에 자기의 정신과 정열을 쏟아야 할지

혼란을 일으키게 되고 하는 일도 성과를 기대하기 어렵다.

지금 여러분에게 목표가 있고 해야 할 과제가 주어진다면, 그때부터 그것을 향해 끌려가듯이 목표를 향해 열심히 일하게 될 것이다. 왜냐하면 목표는 자석과도 같아서 모든 정열과 노력을 한 풋대를 향해서 집중하도록 이끌어주기 때문이다.

꿈을 품고 목표를 설정하면 그것이 현실로 실현되는 이유가 바로 여기에 있다.

실천은 성공의 열쇠

꿈은 누구나 꿀 수 있다. 하지만 꿈을 꾸거나 꿈을 품고 있다는 것만으로는 아무것도 이루어지지 않는다. 아무리 좋은 꿈을 간직하고 있다 해도 실천하지 않으면 아무것도 얻어지는 것이 없다. 무엇보다 중요한 것은 목표를 세웠으면 즉시 행동으로 옮겨 실천하는 것이다.

꿈을 실현하기 위해서는 꿈을 구체적인 실천계획으로 바꾼 뒤 시한을 정하여 그때까지 거기에 모든 것을 바쳐 전력투구하겠다는 마음자세가 되어 있어야 한다. 이런 굳은 의지 없이는 꿈을 실현하기 어렵다.

어느 분야의 사람이든 두 가지 부류의 사람으로 나눌 수 있다. 하나는 성공하는 사람의 그룹이고, 또 하나는 성공하지 못하는 그룹이다. 이 양자를 갈라놓는 결정적인 차이는 무엇일까? 그것은 실천력의 차이라고 생각된다. 성공하는 사람들은 모두 행동이 적극적이고 능동적인 반면, 성공하지 못하는 사람들은 소극적이고 수동적이다. 이것의 차이는 정말로 결정적이라 생각한다.

문제는 실천이다. 즉시 실천하자는 것이다. 발을 내딛기가 힘들어서 그렇지 일단 발을 내딛기 시작하면 그렇게 큰 힘을 들이지 않고도 계속 나아갈 수 있다.

괴테는 '스스로 할 수 있거나 꿈꾸는 일이 있거든 당장 추진하라. 대담함 속에는 재능과 힘과 신바람이 깃들어 있다'고 말했다.

당장 추진하라는 그의 말 속에는 인생의 성공을 기약하는 중요한 요소가 깃들어 있다.

실천은 해결의 방법을 가르쳐 준다. 실천하기만 한다면 어느새 여러분은 성공의 길을 가고 있는 것을 발견하게 될 것이다.

기대를 걸게 하라

'목표는 다른 사람과 공유하기 전에는 단지 개인적인 꿈에 지나지 않는다'는 말이 있다. 무슨 뜻인가 하면, 목표는 골방에 들어가 혼자 설정하는 것으로는 성취되지 않으며 나의 꿈을 주위 사람들에게 알려서 여러 사람이 거기에 기대를 걸게 해야 한다는 것이다.

주위 사람들은 그 꿈이 실현되도록 도와주고 싶어하기 때문에 주위 사람들의 협력을 이끌어낼 수가 있다. 또 자기에게 기대를 걸고 지켜보며 도와주는 사람들의 기대에 값하기 위해서라도 최선을 다해 노력할 것이기 때문에 그 꿈을 성취하게 되는 것이다.

5. 꿈을 계속 키워나가려면 어떻게 해야 할까

미래의 자화상을 시각화하라

꿈을 현실화하는 데 가장 효과적인 방법은 미래의 성공한 자화상을 시각화(視覺化)하는 것이다. 자기가 장차 되고 싶은 미래의 모습을 사진이나 그림이나 글귀로 만들어 책상 앞에 걸어놓고 매일 바라보며 다짐하면 성취동기를 계속 유발시키는 효력이 있어 꿈을 키워주는 데 유용한 방법이 될 수 있다.

이 시각화의 방법은 자신이 꿈꾸어온 미래의 성공한 자기의 모습을 마음속에서만 그리는 게 아니라, 현실로 이루어진 것으로 상상하고 그 자화상을 시각화함으로써 실제로 이루어진 것처럼 생각하게 만드는 것이다.

시각화하면 잠재의식에 뿌리 깊이 심어지고 잠재의식은 이를 이루기 위해 놀라운 힘을 발휘한다.

또 목표를 늘 보며 마음을 다질 뿐 아니라, 입으로 주문 외듯이 하루에도 몇 번씩 '나는 해낼 수 있다'고 계속하여 되풀이하고 있으면 부지불식간에 놀라운 암시작용에 의하여 생각과 행동에 커다란 변화를 일으키게 되고 마침내 목표를 달성하는 데에 필요한 자신감과 신념을 갖게 되는 것이다.

미국의 심리학자이며 목사인 단 카스터 박사는 그의 저서 《정신력의 기적》에서 '사람이 무엇을 반복하여 생각하고 있으면, 정신력은 그것을 생각하고 있는 심상(心像) 그대로 실현시켜 놓는다'고 말하고 있다. 다시 말하면 자기가 원하는 것을 늘 마음속 깊이 새기고 있으면, 바라는 그 모습 그대로 되어간다는 것이다.

그래서 많은 성공인들이 그런 시각화를 통해서 미래에 꿈을 성취한 자기의 모습을 상상함으로써 그렇게 되고 싶다는 강한 욕망을 불태우며 꿈을 키웠던 것이다.

시각화는 어떤 효과가 있을까?

첫째, 꿈을 성취하려는 집념을 강화해준다.

자기가 이루고자 하는 꿈을 달성했을 때의 자신의 모습을 사진이나 그림이나 글귀를 통해 상상하고 그렇게 되기를 거듭거듭 마음으로 다짐하면 자신의 꿈을 향한 현재의 노력을 배가할 수 있게 할 뿐만 아니라, 기어코 성취하겠다는 의지와 집념을 강화해준다.

둘째, 꿈을 향한 강력한 욕구를 분출시킨다.

시각화를 통해 자신의 꿈이 달성되었을 때의 모습을 느끼게 되면 어떠한 어려움이 있어도 반드시 성취하겠다는 꿈을 향한 강력한 욕구가 분출된다.

무릇 모든 행동은 욕망을 향해 일어나게 되어 있는 것이므로, 그 분출된 욕망이 할 일을 찾게 되고 그 일에 도전하게 하며, 그 성취를 위해 열정을 기울이게 하는 것이다.

셋째, 성취동기를 계속 유발한다.

미래의 성공한 자신의 모습을 시각적인 영상으로 만들어 벽에 걸어놓고 매일 바라보고 있으면, 의식무의식간에 계속하여 성취동기를 유발게 하여 어떠한 악조건이나 난관이 생겨도 끊임없는 의욕과 열정으로 이를 극복하고 그 실현을 위해 계속 전진하게 만들어준다.

이렇듯 미래의 자화상을 시각화하면 잠재의식 속에서 그렇게 되고 싶다는 욕망을 불태우며 꿈을 키워나갈 것이다. 또한 이 같은 시각적 도구는 꿈을 이루고자 하는 동기를 계속 유발해주고 자기의 미래상을 반드시 성취하겠다는 의지를 한층 강화해줄 것이다.

성공모델을 찾아라

《무한한 힘, 나는 성공한다》의 저자 앤터니 로빈순은 맨손으로 백만장자가 된 입지전적인 인물이다. 그는 매년 수만 명에게 그가 몸소 체험한 성공비결을 전수하면서 '성공하고 싶거든 철저히 성공자를 흉내내라'고 역설하고 있다.

성공자와 같은 행동을 할 수 있다면 같은 성과를 얻을 수 있다는 것이다. 그가 말하는 흉내내라는 말은 남이 하는 것을 그대로 따라서 하라는 것이 아니라, 본보기가 되는 인물의 그 진취적인 신념과 훌륭한 점을 조사연구하여 그들이 자기가 원하는 것을 어떻게 성취했는가를 알아내어 그 경험을 보고 배우면서 그 길을 계속 더듬어가라는 뜻이다.

남은 할 수 있는데 자기는 할 수 없다는 생각은 버려야 한다. 남이 어떻게 해서 그 성과를 거두었는지 그 방법을 알면, 그리고 그 길을 정확히 더듬어가면 여러분도 같은 성과를 얻을 수 있는 것이다.

에이브러햄 링컨은 '누군가가 성공을 거두었다면, 이는 다른 사람들도 성공을 거둘 수 있다는 증거다'라고 말했다. 이것은 누군가가 해냈던 일이라면 우리도 할 수 있다는 것이다.

여기서 우리는 성공하는 데에는 본받을 만한 성공모델이 필요하다는 것을 알게 된다. 아닌 게 아니라 많은 성공인들은 어렸을 때부터 이미 나름대로 자기 자신만의 성공모델을 가지고 있었다는 것은 잘 알려진 사실이다.

미국의 빌 클린턴 대통령은 존 F. 케네디 대통령을 모델로 삼았으며, 영국의 토니 블레어 수상은 마가렛 대처 수상을 모델로 삼아 인생을 살아왔다고 한다.

여러분이 꿈을 성취하는 데 가장 부합되고 적합한 성공모델을 찾을 수만 있다면 그 성공모델은 여러분에게 자극과 용기와 조언을 통해서 여러분을 이끌어줄 것이며 또 필요한 에너지를 공급해 줄 것이다.

그 모델은 현존하는 인물에서 찾을 수도 있고, 이미 세상을 떠난 인물 중에서 찾을 수도 있다. 만약 유명한 학자가 되고 싶다면 노벨상을 수상한 학자 중에서 찾을 수 있고, 유명한 작가가 되고 싶다면 이미 알고 있는 세계적으로 유명한 작가를 역할모델로 삼을 수도 있다. 또 유명한 정치가가 되고 싶다면 현존하는 정치인이나 이미 타계한 정치인 중에서 본받을 만한 정치인을, 또 사업가가 되고 싶다면 유능하고 이재에 밝은 사업가 중에서 선정할 수 있다. 또 가수나 스포츠맨이 되고 싶다면 인기 있는 가수나, 올림픽에서 메달을 딴 유능한 선수 중에서 찾을 수 있다.

그러나 닮고 싶은 대상이 반드시 세계적으로 유명한 사람이어야 할 필요는 없다. 무명인이어도 좋고 가까이 있는 사람이라도 상관없다. 여러분이 마음속으로 존경하는 인물이라면 그것만으로도 자격은 충분하다.

성공모델은 자기가 되기를 원하는 관심분야에서 나에게 에너지를 줄 수 있는 본받을 만한 존경하는 인물을 찾아내야 한다. 왜냐하면 내가 존경하고 따를 수 있는 사람이라야 진심으로 그의 모든 것을 받아들일 수 있기 때문이다. 또 그의 모든 것을 수용할 그런 마음가짐이 되어 있어야 그 성공모델은 여러분에게 무한한 아이디어와 경험과 문제해결능력을 가르쳐줄 것이다.

그럼 어떻게 이상적인 성공모델을 찾을 수 있을까? 이미 타계한 사람이라면 그의 저서나 자서전 등을 읽어야 하고, 현존하는 사람이라면 그의 활동상황을 살펴보아야 한다. 이를 통해서 무엇이 그를 성공하게 만들었는지 연구분석하여 나에게 가장 적합한 모델을 찾아내는 것이다.

자기의 이상적인 모델에 대한 자료조사와 분석이 끝났으면 그때부터 그 사람의 행동을 모방하기 시작하면 된다. 모방은 어떤 분야에서든 최고의 학습법이다.

존경할 수 있고 본받을 만한 사람이 있다는 것은 인생의 큰 재산이다. 여러분도 '이런 사람이 되고 싶다'고 생각하는 인물을 꼭 찾기를 바란다. 그러면 그 모델은 여러분에게 희망과 용기를 북돋아 주고 경험과 조언을 통해 여러분의 앞길을 열어줄 것이다.

도움을 청하고 배워라! 닮고 싶은 사람을 마음에 두고 그 사람이 하는 것을 벤치마킹하다 보면 자기도 모르는 사이에 그 사람을 그대로 닮아가고 있음을 발견하게 될 것이다. 그러므로 최고의 상대를 찾아 벤치마킹하라.

성취를 믿어라

나의 꿈은 이루어진다고 믿어라. 그러면 그 꿈은 반드시 이루어진다. 뭔가를 성취하기를 원한다면 먼저 자기가 원하는 것을 기어코 성취하겠다는 강한 욕구가 있어야 한다.

우리가 무엇인가를 이루고자 하는 성취욕구가 강하면 강할수록 그것은 의식의 내면에 깊숙이 자리 잡고 있는 잠재의식의 무한한 에너지를 활발하게 만들어 언젠가는 실현되게 만드는 속성을 지니고 있다.

그러나 여기에 분명히 해두어야 하는 것은 제아무리 불타는 욕망을 가지고 노력하고 있다 해도 내가 바라고 있는 꿈이 꼭 실현될 것이라는 굳건한 믿음 위에 그러한 노력이 이루어져야 한다는 것이다. 다시 말하면 꿈을 이루기 위해서는 '나의 꿈은 반드시 이루어진다' 는 확신이 있어야 한다는 것이다.

미국의 심리학자 윌리엄 제임스는 '인생(人生)이란 그 사람이 생각한 것의 소산' 이라고 갈파했다. 그렇게 된다고 믿고 행하면 그것이 잠재의식에 침투해 무의식적으로 그 사람을 지배하기 때문에 마침내 그 꿈이 이루어질 수 있는 것이다.

'플라시보(placebo) 효과' 라는 말이 있다. 위약효과(가짜약 효과)라고도 말한다.

1970년대 초, 미국 LA에 있는 UCLA의 마취생리학연구실에서 사랑니를 뺀 환자들을 대상으로 실험을 했다. 의사가 사랑니를 뺄 때 매우 아프기 때문에 통상적으로 진통제인 모르핀을 투여하고 빼고 있었다. 그런데 실험대상 환자에게 진통제라 속이고 모양이 똑같은 가짜약을 투여하고 사랑니를 뺐는데, 놀랍게도 60% 이상의 환자가 정도의 차이는 있었어도 '아프지 않았다' 고 대답하더라는 것이다. 어떻게 이런 일이 있을 수 있었을까? 분명히 가짜약을 투여했는데 말이다.

환자는 투여하는 약이 모르핀이라는 의사의 말을 믿었고 또 모르핀은 강력한 진통제라는 믿음이 있었기 때문에 '아프지 않을 것' 이라는 믿음이 있었다. 그 믿음으로 인해 약의 성분과 상관없이 효과가 있었던 것이다.

그런데 더 놀라운 사실이 이 실험에서 보고되었는데 그것은 매우 충격적이었다. 연구실에서 내린 결론은 '강력한 진통효과가 있는 모르핀을 맞았다고 믿는 사람의 뇌에는 모르핀과 아주 흡사한 화학물질이 만들어졌는데 그 물질이 통증을 잊게 하였다' 는 것이다.

플라시보 효과의 기본원리는 믿음이다. 믿음이 강하게 되면 어느새 확신으로 변해 그 믿음은 단지 신념이 지니는 염력의 수준을 넘어 제3의 힘을 끌어들인 것이다.

믿음만 가지고 있다면 행동을 일으키는 힘, 자기가 추구하는 세계를 만들어내는 힘도 주어진다는 말이 실감나는 말이다.

믿음은 위대한 힘의 원천이다. '나의 꿈은 반드시 이루어진다'고 확신하라. 그러면 반드시 인생의 승리자가 되고 성공자가 될 것이다.

제2절

긍정적으로 생각하라

1. 긍정적 사고가 성공으로 이끈다

성공자와 실패자의 사고방식

미국의 극작가이며 소설가인 어윈 쇼(Irwin Shaw)가 쓴 단편소설 중 화제를 모았던 《부자와 빈자》라는 소설이 있다. 이 소설에 나오는 두 형제는 똑같은 어려운 환경에서 자랐다. 형은 그 역경을 자기를 분발시키는 계기로 삼아 열심히 일하면서 찾아온 기회를 잘 활용하여 자기발전을 꾀함으로써, 성공으로 올라가는 길에 들어서 마침내 대통령 후보에까지 오르게 되었다. 하지만 동생은 처음부터 꿈을 포기한 채 허송세월을 계속하다가 사회의 낙오자가 되고 만다.

실로 인생의 성공과 실패, 영광과 좌절, 그리고 빛과 그늘이 선명하게 교차되는 삶을 보여준다. 똑같은 열악한 환경에서 출발하였는데, 어째서 두 사람의 결과는 하늘과 땅만큼이나 차이가 났을까?

우리는 두 형제가 나눈 다음의 짧은 대화에서 성공자와 실패자의 차이가 어디서 나왔는지를 헤아려볼 수 있다.

동생이 형에게 이렇게 말한다.

"나는 형만큼 상황이 좋지 않은 걸 보니 분명이 이런 운명으로 태어났나 봐."

그러자 형은 슬픈듯이 고개를 저으며 대답한다.

"잘 생각해 봐. 나와 너는 별로 다르지 않아. 단지 인생에 대한 사고방식과 행동이 약간 다를 뿐이지. 같은 사물을 보고 듣고 만져도 나와 너는 전혀 다른 생각을 하고 있단 말이야."

바로 이 점이 성공자와 실패자의 차이를 만든 것이다.

우리는 여기서 두 사람의 사고방식에 큰 차이가 있음을 본다. 형은 긍정적인 사고를 가지고 있었고, 동생은 부정적인 사고를 가지고 있었음을 알 수 있다.

형은 매사에 긍정적인 생각을 가지고 자기의 꿈을 실현하기 위해 최선의 노력을 기울였기 때문에 성공자가 될 수 있었고, 동생은 모든 것을 운명의 탓으로 돌리고 자포자기한 채 허송세월을 했기 때문에 실패자가 된 것이다. 이렇듯 긍정적인 사고를 가진 사람과 부정적인 사고를 가진 사람의 운명은 달라질 수밖에 없는 것이다.

긍정적 사고와 부정적 사고의 차이

흔히 예로 드는 이야기지만 여기 마시다 남은 포두주가 있다고 하자. 이것을 가지고 어떤 사람은 '겨우 반 병밖에 안 남았어' 하고 투정을 하는 사람이 있는가 하면, 또 어떤 사람은 '아직 반 병이나 남았구만' 하고 대견해 하는 사람이 있다.

이처럼 똑같은 상황을 놓고도 부정적인 사고를 가진 사람은 사물을 마이너스 측면에서 보고 안 좋은 쪽으로 받아들이고, 긍정적인 사고를 가진 사람은 플러스 측면에서 보고 좋은 쪽으로 받아들인다.

따라서 부정적인 사고를 가진 사람은 자기 자신을 과소평가하고, 할 수 있는 일도 할 수 없다고 생각하며, 자기는 무슨 일을 해도 성공할 수 없다고 믿는다. 또 일을 하기 전에 불가능하다고 단정해버리고 소극적이고 피동적으로 행동한다. 그리고 사사건건 불평만 토로하고 잘못된 것은 모두 남의 탓으로 돌린다. 그래서 생의 의욕을 잃고 자기의 미래에 대해서 비관하며 자포자기의 심정으로 살아간다.

이와는 반대로 긍정적인 사고를 가진 사람은 자기 자신을 긍정적으로 평가하고, 무슨 일이든 나는 할 수 있다고 생각하고 하면 된다고 믿는다. 따라서 자기가 하는 일에 긍지를 가지고 능동적으로 활동한다. 또 하는 일에 흥미와 열정을 가지게 되어 능률이 오르고 가능성을 믿으니 목표를 향하여 전력투구하게 된다. 그래서 생의 의욕이 솟구치고 자기의 미래에 대해서 낙관하고 희망과 용기와 자신감을 가지고 일에 도전한다.

이렇게 볼 때 어떤 사람이 인생을 보람있고 풍요롭게 사는가는 분명해지며, 우리가 어떤 사고방식을 가지고 살아야 할 것인가는 자명해진다.

2. 긍정적 사고만이 일을 성취케 할 수 있다

긍정적 사고는 불가능을 가능으로 바꿔준다

아프리카 개척이 시작될 무렵에 신발을 만드는 회사에서 두 직원을 아프리카로 파견했다. 새로운 시장을 개척하기 위해 그 가능성을 살펴보기 위함이었다.

그런데 정작 아프리카에 도착했을 때, 그들은 원주민들이 모두 맨발로 다니는 모습을 매우 충격적으로 받아들일 수밖에 없었다.

두 사람은 한 동안 여러 곳을 답사한 후, 나름대로 시장개척 여부를 판단해서 본사에 전보를 쳤다.

한 사람의 전보는 이러했다.

'이곳에서는 신발을 신은 사람을 전혀 볼 수 없음.

그들은 신발이 무엇인지조차 모름. 따라서 시장개척의 여지가 전혀 없음'

그러나 또 한 사람의 전보내용은 전혀 달랐다.

'아프리카에는 신발을 신은 사람이 아직 한 사람도 없음.

그러므로 신발을 팔 수 있는 가능성은 무궁무진함'

보는 시각에 따라 부정적인 사고를 가진 사람은 개척할 가능성이 전혀 없게 보았을 것이고, 긍정적인 사고를 가진 사람은 개척할 가능성이 충분히 있다고 보았을 것이다.

이런 경우 보고를 받은 회사에서는 어떻게 받아들였을까? 아프리카 개척의 초기상황에서 보면 가망이 없다고 판단한 직원의 보고가 진실일 수도 있다. 그러나 개척을 해야 할 당위성을 놓고 미래를 내다본다면, 회사는 마땅히 긍정적인 사고를 가진 직원의 손을 들어주어야 한다. 왜냐하면 새로운 분야를 개척하는 데에는 도전하는 용기가 있어야 하기 때문이다.

처음부터 무리라고 생각하고 할 수 없는 이유만 생각한다면 아무것도 될 일이 없다. 항상 할 수 있다는 신념을 가지고 할 수 있는 이유를 찾아내려고 생각한다면 안 될 일이 없는 것이다.

사실 마음만 있다면 불가능은 없다. 할 수 없는 이유를 먼저 생각하기 때문에 할 수 없는 것이다. 그래서 긍정적인 사고를 가진 사람만이 일을 성취할 수 있는 것이다.

우리들이 잘 알고 있는 맥아더 장군이 한국전쟁 당시 인천상륙작전을 감행할 때, 참모들은 상륙작전은 불가능하다고 경고했다. 사실 역사상 500번의 상륙작전 중 제2차세계대전 때 노르망디 상륙작전을 빼놓고는 승리한 기록이 없었다. 그러니까 성공확률은 500분의 1에 불과했던 것이다.

그러나 이런 보고를 받은 맥아더 장군은 단호한 결단을 내렸다.

'성공했던 기록만 있으면 돼! 나도 해내고야 만다!'

결국 맥아더 장군은 인천상륙작전에 성공했고, 역사상 가장 위대한 군인의 한 사람으로 기록되었다.

긍정적 사고는 불가능을 가능으로 바꿔주고 결단력을 키워주는 것이다. 우리가 성공이라고 말하는 모든 영광은 바로 불가능에 도전하여 쟁취한 것임을 알아야 한다. 모든 일은 가능하다고 생각하는 사람만이 해낼 수 있다. 어떤 일을 가능하다고 믿는 것은 창조적 해결의 길을 열어주는 첫걸음이기 때문이다.

만약 우리가 무엇을 가능하다고 믿는다면, 그때부터 우리의 마음은 그것의 실현방법을 찾아 도움을 줄 것이다. 그러나 불가능하다고 믿는다면, 우리의 마음은 우리를 위해서 그것이 불가능한 이유를 증명하기 위해 작용할 것이다.

긍정적 사고는 창조력을 해방시켜 해결의 길을 열어주지만, 부정적 사고는 모든 생각에 제동을 거는 것이다. 우리가 긍정적인 생각으로 살아야 할 이유가 바로 여기에 있는 것이다.

가능성을 믿으면 해결방법은 열린다

《크게 생각하는 사람이 크게 성공한다》는 책을 펴낸 D.J. 슈바르트는 '당신 자신이 성공할 수 있다고 믿으면 반드시 성공할 수 있다'고 말하고 있다. 그것이 가능하다는 신념은 그것을 해내는 데에 필요한 힘, 기술, 에너지를 낳게 하는 작용을 하기 때문이다.

그것이 가능하다고 믿으면, 그것을 해결하는 방법은 스스로 열리기 마련이다. 왜냐하면 안 된다고 생각하는 사람에게는 안 되는 이유만 계속 생각나게 하고, 된다고 생각하는 사람에게는 되게 하는 일만 생각나기 때문이다.

'나는 할 수 있다'는 긍정적이고 적극적인 사고를 가지면 이루어질 것이고, '나는 할 수 없다'는 부정적이고 소극적인 사고를 가지면 이룰 수 없다.

그러므로 우리는 강한 신념을 가지고 일에 매달려야 한다. 성공은 신념의 산물이다. 신념은 우리에게 기적에 가까운 일을 가능하게 만든다. 무엇이든 그것을 성취시키는 방법은 언제나 그것이 가능하다고 믿고 있는 데에 있으며, 또 그런 사람에게만 주어지는 것이 성공이란 것이다.

3. 암시작용을 긍정적으로 활용한다

놀라운 암시작용의 위력

우리나라의 한 청년이 스위스의 알프스 산길을 드라이브하고 있었다. 그는 심한 갈증을 느껴 길가의 폭포에서 떨어지는 깨끗하고 시원한 물을 실컷 마셨다. 그런데 이게 웬일인가.

앞에 있는 간판을 보니 'POISON' 즉 독약이라는 붉은 글자가 눈에 띄었다. 그는 독이 들어있는 것을 모르고 마셨구나 하는 생각이 들었다. 이러다가 객지에서 죽는 것은 아닐까 하는 생각에 사로잡히자 공포심에 휩싸였다.

'이제 나는 곧 죽게 될 것이다'

그는 당황하기 시작했다. 갑자기 머리가 아프고 메스껍고 몸이 불편해져서 견딜 수가 없었다. 그는 허겁지겁 차를 몰아 어지러운 머리로 간신히 가까운 마을의 병원을 찾아갔다. 그의 얼굴은 불안과 공포로 창백했다.

그는 의사에게 폭포에서 독이 있는 물을 모르고 마셨다고 그간의 사정을 설명했다. 청년의 설명을 다 듣고 난 의사는 빙긋이 웃으며 말했다.

"그 폭포의 물은 맑고 깨끗합니다. 독은 없습니다. 그 폭포에서 낚시하는 사람이 많기 때문에 프랑스 말로 '낚시(POISSON)'를 하지 말라고 써붙인 것인데, 당신은 프랑스 말의 POISSON을 영어의 POISON으로 잘못 본 것입니다. 걱정하실 것 없습니다."

이 청년은 철자 하나를 잘못 보고 큰 충격을 받았던 것이다. 의사의 말을 듣자마자 그의 얼굴에서 불안과 공포의 그림자는 순식간에 사라졌고 금세 환한 얼굴로 변했으며 언제 그런 일이 있었느냐는 듯 생기를 되찾았다. 참으로 놀라운 마음의 변화가 아닐 수 없다.

이 실화는 암시작용이 얼마나 놀라운 것인가를 우리들에게 가르쳐준다. 이 같은 상황은 심리학에서 말하는 암시작용에 의한 일종의 최면에 걸렸기 때문이다. 이렇듯 암시란 놀라운 힘을 가지고 사람을 지배하고 있다.

이 같은 암시의 위력을 말해주는 사례는 많다. 아프리카에서 의료활동을 하던 슈바이처 박사가 직접 보고 체험했다는 다음과 같은 놀라운 사건도 있었다.

어떤 원주민이 바나나를 요리한 냄비를 씻지 않고 다른 요리를 만들어 먹었다. 그때는 아무 일도 없었는데 후에 바나나를 요리한 냄비라는 것을 알게 되자 그 원주민이 갑자기 새파랗게 질려 경련을 일으키더니 응급처치의 효과도 없이 얼마 후 죽었다는 것이다.

그 원주민은 '바나나를 먹으면 죽는다'는 라바레네 지방의 속설을 그대로 믿었기 때문에 죽었다는 것이다. 이 이야기는 암시가 갖고 있는 힘이 얼마나 무서운 마술적인 힘인가를 말해주고 있다.

암시작용의 긍정적 활용

이 마술 같은 놀라운 마음의 변화를 일으킨 자기암시의 원리와 방법을 연구하여 질병의 치료, 신념의 형성, 성격의 교정, 적극적 생활의 건설 등 여러 방면에 활용하여 크게 명성을 얻은 사람이 있다. 그가 프랑스의 정신요법치료사로 유명한 에밀 쿠에(Emile Cou5) 박사이다.

그가 약국을 경영하고 있을 때, 어느 날 그를 잘 아는 사람이 찾아와서 시간이 늦어 병원에 갈 수도 없고 당장 아파서 죽을 지경이니 약을 지어달라고 하소연했다.

에밀 쿠에는 처방전이 없었기 때문에 처음에는 거절했으나 그 사람의 사정이 딱해서 약을 지어 주었다. 그 약은 그 사람이 말하는 통증에는 실제로 아무 효력이 없었으나, 인체에는 아무런 해도 끼치지 않는 포도당류의 알약이었다.

약을 주면서 '새로 나온 약인데 효과가 있을 것입니다' 하고 일러주었다.

그런데 며칠 후 에밀 쿠에는 우연히 길에서 그 환자를 다시 만났는데, 그가 말하는 것이 참으로 의외였다.

"선생님. 그 약이 무슨 약인지 몰라도 참 신통하던데요. 그 약하나 먹고 거뜬히 나았거든요. 선생님 정말 감사합니다."

어떻게 이런 일이 일어날 수 있을까? 분명히 에밀 쿠에가 지어준 약은 아무런 효과가 없는 약이었는데 치료효과가 났으니 말이다. 그것은 환자가 약사에 대한 믿음, 그리고 그 약사가 지어준 약에 대한 믿음으로 '나을 수 있다'는 확신이 있었기에 약의 성분과 관계없이 병이 나을 수 있었던 것이다.

이 일이 있은 후부터 에밀 쿠에는 이 같은 '암시의 놀라운 힘'을 환자의 치료에 활용하는 연구에 몰두하여, 마침내 암시심리학이라고 할 수 있는 '쿠에이즘'을 발표하였는데, 이것이 자기암시의 원리와 방법을 활용한 치료방법이다.

그의 연구에는 놀라운 데가 많다. 위암에 걸린 환자에게 '당신의 병은 위암입니다. 석 달을 넘기기가 어렵습니다' 하고 의사가 말하면 그는 석 달 안에 죽는다.

그러나 똑같은 위암 환자에게 '당신은 소화불량입니다. 당신의

병은 점점 나아지고 있습니다. 반 년 후에는 완쾌될 수 있습니다'
라고 암시를 주면 그 위암환자는 일 년 이상이나 버티어낸다는 것
이다.

그는 병을 고치는 데 필요한 것은 약보다도 회복을 믿는 마음이
라고 말한다. 실제로 아무런 효과도 없는 약을 주고 '이 약은
100% 효과가 실증된 새로 나온 약입니다' 라고 믿게 해놓으면, 대
개의 경우 상당한 효과를 얻게 할 수 있다는 것이다.

그것은 환자 자신이 나의 병은 점점 나아지고 있다는 암시가 마
음속에서 믿음으로 변하면서 그런 저항력을 만들어낸다는 것이
다. 믿음이 마음의 병을 치유케 하는 것이다.

이렇듯 자기암시는 놀라운 힘과 신념을 만들어낸다. 문제는 이
힘을 어떻게 활용하느냐에 달려 있다.

긍정적인 암시를 심어주는 방법

자기암시는 자기가 원하는 내용의 메시지를 선택할 수 있다. 자
기에게 밝고 건설적인 암시를 줄 수도 있고, 어둡고 파괴적인 부
정적 암시를 줄 수도 있다.

어떤 사람은 '나는 별 볼 일 없는 사람이다', '무슨 일을 해도
되는 일이 없다', '나는 인생의 패배자요 무능력자이다' 이런 부정
적인 암시를 주어 스스로 '못난 사람', '낙오된 사람', '패배한 사

람' 으로 만들어 불행한 운명을 자초하고 있다.

그런가 하면 이와는 반대로 '나는 할 수 있다', '남이 하는데 나라고 못할 이유가 없다', '하면 된다' 이런 식으로 자기에게 긍정적이고 적극적인 암시를 주어, 스스로 '행복한 사람', '도전하는 사람', '성공한 사람' 으로 만들어 밝은 미래를 개척해 나가는 사람도 있다.

문제는 내가 나에게 어떤 암시를 주느냐 하는 것이다. 그럼 긍정적인 자기암시를 심어주려면 어떻게 해야 할까?

첫째, 자기암시의 메시지는 현실적으로 실현가능한 것으로 만들어야 한다.

자기암시의 메시지는 되고자 하는 목표에 대한 자기확신이 서 있어야만 변화를 일으키는 강력한 힘을 발휘할 수 있다.

되고자 하는 목표가 어느 대학에 입학한다, 과학자가 된다, 장군이 된다는 등 어떤 것이라도 좋지만, 실현가능성이 있는 목표를 자기암시의 메시지로 만들어야 한다. 왜냐하면 자신의 현재의식이 그 목표가 가능하다고 믿지 않으면 암시가 걸리지 않기 때문이다. 자기자신이 믿지 않는데 잠재의식이 그것을 받아줄 리가 없는 것이다.

그렇기 때문에 자기확신이 서지 않는 엉뚱한 암시를 주려고 해서는 안 된다. 무리하게 암시를 걸려고 하면 곧바로 잠재의식이 납득할 수 없기 때문에 이를 거부해버리는 것이다.

되고자 원하는 목표에 의심 같은 것을 갖고 있지 않아야 한다. 자기가 아무래도 그 목표는 이룰 수 없다고 생각해버린다면 아무리 노력해도 그것은 헛고생이 될 뿐이다.

그러므로 자기암시의 메시지는 현실적으로 실현이 가능한 것으로 만들어야 한다. 처음에는 쉬운 것부터 시작해서 그 목표가 달성되면 다음 단계를 다시 만들어야 한다.

둘째, 매일 여러 차례 반복해서 자신에게 암시를 주어야 효과를 얻을 수 있다.

긍정적이고 적극적인 암시를 자기 자신에게 계속해서 오랫동안 주게 되면 부지불식간에 놀라운 암시작용에 의하여 생각과 행동에 커다란 변화를 일으키게 되고, 또 강한 신념이 생겨서 마침내 뜻한 바를 성취하게 되는 것이다.

이렇듯 암시를 심어주는 효과적인 방법은 원하고 있는 암시를 반복적으로 계속 주는 데 있다. 며칠 하다가 그만두면 아무런 효과도 기대할 수 없으므로, 자기암시의 상태를 오래 유지하기 위해서는 하루에 몇 차례씩 주문 외듯이 되뇌이는 것이 좋다.

프로복싱 전세계 헤비급 챔피언이었던 조 프레이저는 침실 천장에 'Yes, I can'이라고 크게 써붙이고 매일 취침 전후에 여러 차례 반복하여 되뇌이곤 했다고 한다. '그렇고 말고, 나도 이길 수 있다' 는 뜻인데, 이것을 보고 되뇌이곤 하면 '반드시 이길 수 있다' 는 자신감이 생겨 시합에 나가 상대방의 강한 펀치를 맞아도 이 글씨가 눈에 떠올라 비상한 힘을 발휘하게 된다는 것이다.

암시는 되풀이할수록 효과가 있다. 마음속에 뿌리를 내리기 때문이다. 아침 일찍 일어났을 때 또 잠자리에 들기 전에 하는 것이 가장 효과적이다. 소리내어 공개적으로 해도 좋고 마음속으로 다짐해도 좋다.

예를 들면 '나는 용꿈을 꾸고 태어났다', '나는 장차 육군대장이 된다', '나는 실행계획을 반드시 실천한다' 는 내용을 몇 번이고 되풀이해서 외치는 것이다.

이때 미래의 성공한 자신의 모습을 나타내는 그림이나 또는 그것을 묘사한 글귀를 보면서 암시를 주면 더욱 효과적이다.

이 같은 그림이나 글귀를 자주 보게 되면 상상력이 자극을 받아 그 목표를 현실로 만들어주는 수단과 방법을 창출하고자 노력하게 된다.

셋째, 자기암시의 효과를 믿어야 한다.

암시의 힘을 우리가 적절히 응용한다면 성공을 이루는 데 굉장한 효과를 볼 수가 있다. 다만 전제조건으로 자기 자신에 대한 믿음이 있어야 한다.

'나는 할 수 있다. 반드시 성공한다' 는 믿음 없이는 암시의 효과를 기대할 수 없다. 자기 자신이 믿지 않으면 암시가 걸리지 않기 때문이다.

처음부터 '그 일은 어려운데' 하고 의심하는 사람은 좀처럼 그 일을 해낼 수 없다. 그러나 '그것은 쉬운 일이다. 능히 해낼 수 있다'고 자기 마음속에서 믿게 된다면 정말로 쉽게 그 일을 해낼 수 있다.

스스로 '안 된다'고 암시를 걸어놓고, 그 일을 할 수 없는 이유가 자기에게는 그런 조건이 갖추어져 있지 않기 때문이라고 생각한다면, 그것은 마치 다리를 부숴놓고 강을 건널 수 없다고 한숨 짓는 것과 다름이 없다.

그럴 때는 이렇게 생각해보자. 가령 '대학을 안 나와서', '배경이 없어서' 안 된다고 생각한다면, 그렇게 생각하기 전에 학력이나 배경 없이 자기 힘만으로 성공한 수많은 사람들을 상상해보라. 용모라든가 체력이라든가 가난이라든가 여러 가지 핸디캡을 생각하기 전에 이를 뛰어넘어 성공한 수많은 사람들을 생각해볼 일이다.

여기 암시의 효과를 믿음으로써 성공적인 삶을 이뤄낸 본보기 인생이 있다. 가발공장의 여공으로 시작해서 미국 하버드대학의 박사가 된 서진규. 그녀의 눈물겨운 삶의 과정이 텔레비전과 각종 매스컴에 소개되어 많은 사람들의 심금을 울린 꿈과 도전의 다큐

멘터리를 기억할 것이다.

그녀는 초등학교 5학년 때, 어느 날 담임선생님이 손금을 보고 여러 선생님들이 모인 자리에서 '우리 진규는 언젠가 크게 될 사람이에요. 내가 장담합니다' 하는 암시를 받게 된다.

그 한마디 선생님의 '예언'은 늘 집안에서 '쓸데없는 가시나'란 말만 들으며 희망을 저버릴 수밖에 없었던 진규에게 희망과 용기를 북돋아 주기에 충분했다. 앞날이 보이지 않던 그녀의 마음에 켜진 '희망의 등불'이었다.

손금은 과학적으로 증명할 수 없는 미신일지 모르지만, 한창 자라나는 그녀에게 이 같은 예언은 어떤 과학으로도 설명할 수 없는 엄청난 힘을 갖게 하였다. 그날 담임선생님의 그 한마디가 없었더라면 아마도 서진규는 하찮은 일생을 살았을지도 모른다.

'너는 크게 될 사람'이라는 그 예언은 부지불식간에 놀라운 암시작용에 의하여 그녀로 하여금 사고와 행동에 커다란 변화를 일으키게 하였으며, 미래에 대한 희망과 확신을 갖게 하였다.

그 예언은 그녀에게 큰 용기를 주고 새로운 의지를 발동시켜 줌으로써 어떠한 역경도 돌파할 수 있는 힘을 만들어 주었다. 미래에 어떤 소망이 이루어질 것이라는 자기암시는 분명 어둠을 비추는 희망의 등불이요, 삶을 전진시키는 힘이 되었던 것이다.

낯선 이국땅에서의 그녀의 삶은 수많은 난관이 앞을 가로막고 있었지만 그 벽을 뚫고 오로지 자신의 꿈을 실현하기 위해 끊임없는 도전으로 일관할 수 있었다.

시련과 고난이 앞을 가로막을 때마다 '나는 큰일을 할 사람'이라는 자부심으로 스스로를 부추기며 앞으로 나아갈 수 있도록 그녀를 성공으로 이끌어준 요인은, 물론 그녀의 강인한 의지와 끊임없는 도전 그리고 최선을 다하는 노력도 있었지만, 바로 암시의 힘이었다.

4. 긍정적 자아관을 확립하자

생각을 바꾸면 성격은 변한다

독일의 정치가이자 철혈재상(鐵血宰相) 비스마르크는 문자 그대로 강인한 의지와 불굴의 정신을 가진 사람으로 유명하다. 그러나 그의 소년시절은 우물거리기만 하는 나약한 성격의 의지박약자였다. 그런 그가 괄목할 만큼 자기개조에 성공하여 철혈재상이라 불리울 만큼 강인한 사람으로 탈바꿈했다.

그는 '인간의 성격이란 그 사람이 습관적으로 생각하는 방법을 바꾸면 개조되는 것'이라고 말하고 있다. 요컨대 소년시절에 의지가 약했던 것은, 습관적인 사고가 약했고 어두웠기 때문이며, 후년의 강인한 정신과 무쇠 같은 의지는 습관적인 사고가 강했기 때문에 얻어진 것이다. '성격은 생각을 고치면 변한다'는 것을 몸소 실증했던 것이다.

긍정적 자아관으로 바꿔라

많은 사람들이 성격개조나 자기계발이 불가능하다고 생각하고 일찌감치 단념해버린다. 인생의 위기는 바로 이러한 체념에서 시작되는 것이다.

이제 나 자신을 돌이켜보자. 나는 어떤 사고방식을 가지고 살아왔는가를, 나는 어떤 자아관을 가지고 살아왔는가를 되돌아보자.

인간의 자아관에는 두 가지가 있다. 하나는 긍정적 자아관이요, 또 하나는 부정적 자아관이다.

긍정적 자아관은 내가 나를 긍정적으로 보는 것이다. '나에게도 오기가 있다', '네가 하는데 내가 못할 것이 무엇이냐', '나도 하면 된다', '한번 해보자', '세상에 안 될 일이 어디 있어', '내 운명은 내 힘으로 내가 개척하는 것이다' 이렇게 생각하는 것이 긍정적인 자아관이다.

그렇게 생각하면 언제나 자신감과 의욕과 생기가 넘친다. 그는 자기 자신을 능동적 태도, 적극적 자세, 플러스적 사고, 낙관적인 입장에서 생각한다.

이와는 반대로 부정적 자아관은 자기를 부정적으로 보는 것이다. '나에겐 능력이 없다', '나 같은 것이 무엇을 할 수 있겠나', '나는 무엇을 해도 되는 일이 없다', '나는 사회의 패배자이다' 이렇게 생각하는 것이 부정적인 자아관이다.

따라서 그는 모든 것을 체념하고 자신감을 잃고 자포자기의 심정으로 살아간다. 그는 자기를 피동적 태도, 소극적 자세, 마이너스적 사고, 비관적인 입장에서 생각한다.

이제 어떤 자아관을 가지고 살아가야 하는지 자명해진다. 만약 지금까지 나약한 마음으로 살아왔다면, 비스마르크처럼 습관적으로 생각하는 방법을 바꾸어 긍정적인 자아관으로 개조해야 한다.

부정적 자아관으로는 결코 자기가 뜻한 바를 성취할 수 없다. 긍정적 자아관을 가지고 살아가야 인생의 승리자가 될 수 있다. 그러므로 부정적 사고를 극복하고 긍정적 자아관을 확립하는 것이 자기계발의 출발점이 되어야 한다.

제3절

자신감을 키워라

1. 자신감은 성공의 제일가는 비결이다

자신감은 승리의 비결

우리가 일을 성취하는 데 있어 중요한 것은 자신감을 갖는 것이다. 사람은 자신감을 가질 때 두려움이 없어지고 당당해진다. 하고자 하는 의욕이 생기고, 하면 된다는 신념이 생긴다. 또 하려는 일에 용감히 도전할 기백이 생기고, 어떠한 고난도 뚫고 나아가려는 패기가 생긴다. 그러나 자신감이 없으며 언제나 두려운 마음이 앞서서 의욕을 잃고 의기소침한 채 아무 일도 해내지 못하는 것이다.

미국의 철학자 에머슨은 '자신감은 성공의 제일가는 비결'이라고 했고, 프랑스의 나폴레옹은 '지혜보다 자신감을 갖는 측에 늘 승리가 있다'며 일을 성취시키고 성공으로 이끄는 힘은 자신감에 있다고 지적하고 있다.

또 《대통령을 키운 어머니들》의 저자 보니 엔젤로 여사는 '미국에서 대통령이 되는 데 가장 중요한 자질이 무엇이라고 생각하는가' 라는 질문에 서슴없이 그것은 '자신감' 이라고 말하면서 자녀를 성공인으로 키우고 싶다면, '자녀들에게 자신감을 키워 주라' 고 당부하고 있다.

자신감은 성공의 원동력이요, 승리의 비결이라는 것이다. 자신감을 가질 때 우리는 난관을 극복할 수 있고 또 뜻한 바를 성취해 나갈 수 있는 것이다.

그럼 대체 자신감이란 무엇인가?

자기가 하는 일에 자신 있다고 믿는 마음이다. 자기의 능력과 가치를 믿으며 자기에게는 그것을 감당할 수 있는 능력이 있다고 믿는 것이다. 또 자기는 무가치한 존재가 아니라 쓸모 있는 사람이라고 믿는 것이다. 이러한 자신감은 용기와 신념을 갖게 하고 목적한 일에 용감하게 도전할 수 있는 힘을 만들어준다.

자신감은 위대한 힘의 원천이요 인생의 가장 큰 활력소로, 용기를 가지고 과단성 있게 밀고 나아가는 강력한 추진력이다.

자신감은 모두 후천적으로 얻어지는 것이다. 자신감을 가지고 태어난 사람은 아무도 없다. 자신만만하고 어디를 가든 당당해 보이는 사람일지라도 그러한 자신감은 모두 후천적으로 몸에 익힌 것이다. 누구라도 자신감을 가질 수 있는 것이다.

그러므로 성공인이 되고 싶다면 지금부터라도 열심히 자신감을 길러 두려움 없이 용감하게 자기의 앞날을 개척해나가야 한다.

자신감은 행동력에서 생겨난다

미국 콜로라도주 스피링필드 근처에는 아주 험한 고갯길 하나가 있다. 지형이 높고 험악해서 차가 통과하기가 상당히 어려운 고갯길이다. 사고도 종종 일어났다. 그래서 이곳을 지나가게 되는 차들은 처음부터 이 고갯길의 생김새만 보고도 겁을 먹고 돌아가기가 일쑤였다.

도시와 도시를 잇는 중요한 도로였지만, 사람들이 왕래하기를 꺼리기 때문에 도로가 차츰 폐쇄위기에 처하게 되었다.

그런데 이 험악한 고갯길에 언제부터인가 'Yes, You can'이란 팻말이 세워졌다. 고개 입구에 들어서는 모든 차량들은 먼저 이 커다란 팻말부터 보게 되었다.

그러자 참으로 놀라운 변화가 나타나기 시작했다. 처음부터 겁을 먹고 고갯길을 넘기를 주저하던 운전자들이 예전과는 달리 '그래, 나도 할 수 있을 거야' 하는 자신감을 갖고 무사히 넘어갈 궁리를 하게 되었다.

'당신도 할 수 있다'는 이 낱말 하나는 대단한 반응을 불러일으켜 마침내 그 고갯길은 더이상 두려운 고갯길이 되지 않았다는 것이다.

'Yes, You can!' 이란 이 신념에 찬 한마디 말이 사람들을 분발시키는 거대한 위력을 지닌 마력의 언어가 된 것이다.

자신감은 이렇듯 놀라운 힘을 발휘하는 신념으로 바뀌어, 두렵기만 했던 험한 고갯길을 웃고 넘는 고갯길로 바꾸어 놓았다.

자신감의 핵심은 '나는 할 수 있다' 는 신념이다. 신념만 가지고 있으면 행동을 일으키는 힘과 자기가 추구하는 세계를 만들어주는 힘도 주어지는 법이다.

'행동은 공포를 치유한다' 는 행동원리가 있다. '네가 할 수 있으면 나도 할 수 있다' 는 신념으로 차를 몰고 고갯길을 올라갔을 때, 공포나 두려움은 사라지고 자신감이 생겨난 것이다.

대부분의 공포나 두려움은 다분히 심리적인 것이다. 이를 극복하는 길은 용감하게 행동으로 옮기는 것이다. 사실 첫발을 내딛기가 어렵지 한번 내딛고 나면 두 발 세 발 내딛기는 쉬운 일이다. 그래서 일의 성패를 좌우하는 것은 용기를 가지고 과감하게 첫발을 내딛고 나가느냐 못 나가느냐에 달려 있다고 하는 것이다.

성공하는 사람들은 예외없이 과감하게 실천에 옮기는 사람들이다. 앤드류 카네기는 '보통사람이 성공하는 데는 근면과 실천력밖에 없다' 고 말했다. 실천력이야말로 성공의 유일한 열쇠이기 때문이다.

세상에는 다양한 직업의 사람들이 있다. 그러나 어느 분야의 사람이든 간에 다음의 두 가지 유형으로 나눌 수 있을 것이다.

하나는 '성공하는 사람들' 의 그룹이고 또 하나는 '성공하지 못하는 사람들' 의 그룹이다. 이 양자를 결정적으로 갈라놓는 것은 무엇일까? 그것은 실천력의 차이라고 말할 수 있다. 성공하는 사람들은 모두 행동에 적극적인 반면, 성공하지 못하는 사람들은 소극적이다. 이것의 차이는 정말 결정적이라고 할 수 있다.

실천은 해결방법을 가르쳐준다. 먼저 실행에 옮겨라. 그러면 어느새 여러분은 자신감에 차 있는 자신을 발견하게 될 것이다. 힘내라! 시작이 반이다.

2. 열등감에 구속되지 말라

어느 작곡가의 열등감

러시아의 유명한 작곡가 라흐마니노프는 25세 되던 해에 어느 연주회에서 자신의 교향곡 1번을 발표했는데, 그 연주가 얼마나 나빴던지 작곡가 자신이 연주 도중에 겁을 먹고 공연장을 빠져나왔을 정도였다.

그는 이에 얼마나 큰 충격을 받았던지 깊은 열등감에 빠져 이후 3년간이나 작곡에 손대지 않고 술이나 마시며 사람과의 접촉을 피하는 등 정신질환의 증세까지 보였다.

이러한 딱한 사정을 안타깝게 여긴 친구들이 그를 다알이라는 의사에게 데리고 갔다. 그런데 그 의사는 작곡가에게 아예 약은 주려고도 하지 않고 '새로운 작품을 하나 시작하십시오. 그 작품은 반드시 훌륭한 곡이 될 것입니다. 그리고 자신감을 가지고 즐거운 마음으로 사십시오'라는 격려의 말만 주문처럼 되풀이해 들려주는 것이었다.

그리하여 이에 힘입은 라흐마니노프는 의사의 권고대로 새로운 작품을 작곡하기 시작하였는데, 몇 달 후 완성하여 발표하자, 예전에 경험해보지 못한 대성공을 거두었고, 그의 이름이 전세계에 알려지는 계기가 되었다. 물론 정신상태도 정상으로 돌아왔다.

바로 이 작품이 오늘날 모든 고전음악 협주곡 중 가장 빈번히 연주되고, 또 영화의 배경으로 자주 등장하는 라흐마니노프의 피아노협주곡 제2번이다.

이 실화는 열등감이 얼마나 자기실현에 중대한 저해요인이 되고 있는지를 잘 말해주고 있다. 열등감에 빠져 있는 사람은 위축된 마음과 실패의 공포 때문에, 무슨 일이나 두려움이 앞서서 어떤 결정도 내릴 수가 없고 또 앞으로 나아가지도 못하는 것이다.

라흐마니노프는 공연에서의 실패 때문에 심한 열등감에 빠져 또 다른 공연에서의 실패가 두렵고 무서워서 3년간이나 폐인처럼 살았다. 무엇이 이렇게 만들어 놓았을까? 그것은 두말할 것도 없이 자기가 하는 일에 자신감을 가질 수 없었기 때문이다.

열등감은 극복할 수 있다

열등감은 인간의 혼을 얼어붙게 하고 주눅들게 하여 무기력하게 만든다. 그래서 열등감이 있는 사람은 언제나 두려운 마음이 앞서서 의욕을 잃고 의기소침한 채 아무 일도 해내지 못하는 것이다. 이렇듯 열등감은 자기실현을 가로막는 심각한 장애가 되고 있는 것이다.

그러나 열등감을 가지고 있다고 해서 너무 걱정할 일은 아니다. 심리학자들에 의하면 95%의 사람들이 열등감을 느낀다고 한다. 그렇다면 거의 모든 사람이 열등감을 가지고 있다는 얘긴데, 성공하고 못하는 것은 바로 자신의 열등감을 극복할 수 있느냐 없느냐에 달린 의지의 문제라고 생각한다. 어떻게 마음 먹느냐에 따라 얼마든지 극복할 수 있는 것이 열등감이다.

누구나 다소간에 열등감이 없는 사람은 없다. 나폴레옹은 젊은 시절 자신의 왜소한 키와 가난 때문에 열등감에 빠져 있었고, 링컨은 정규교육을 일 년밖에 받지 못하고 농사일이나 거들어야 했던 자신의 신세 때문에 열등감에 빠져 있었으며, 샤르트르는 두 살 때 부친을 잃은 데다가 왼쪽 눈이 사시였기 때문에 열등감으로 고통을 받았다.

그밖에 레오나르도 다빈치, 베토벤, 뉴튼, 에디슨, 처칠 등 유명 인사들도 한결같이 열등감에 사로잡혀 있었지만, 분발하여 이를 극복하고 성공인으로 거듭날 수 있었다.

이것은 스스로를 믿고 자신을 변화시키고자 마음만 먹는다면, 누구나 열등감에서 벗어나 성공할 수 있다는 것을 보여주는 것이다.

만약 지금 자기가 열등감에 시달리고 있다면, 다음의 사례를 보고 분발하기 바란다. 그가 해냈다면 여러분도 또한 하지 못할 이유가 없는 것이다.

한국잠재능력개발원의 전성일 원장은 절름발이에다가 말더듬이라는 신체적 결함으로 심한 열등감 속에서 좌절과 절망으로 우울한 소년기를 보냈고 또 커서는 스스로의 힘으로 살기가 어려워 몇 번이나 자살까지 시도했던 장애인이었다.

그는 지독한 가난으로 겨우 초등학교를 나온 후, 밥이라도 배불리 먹고 싶어 어린 나이에 무작정 상경하여 일거리를 찾았지만, 도리어 깡패에 붙잡혀 갖은 고생을 했다. 이후 자유의 몸이 되어 구두닦이를 했는데, 어느 날 단골손님이 준 위인전 몇 권이 그의 운명을 바꾸게 한 계기가 되었다.

그 위인전에서 특히 링컨과 루스벨트 그리고 헬렌 켈러의 이야기는 그에게 깊은 감동과 함께 큰 자극으로 다가왔다.

링컨은 일 년밖에 공부를 못했지만 나는 6년간을 초등학교에서 공부할 수 있었고, 루스벨트는 지팡이에 의지해야 했지만 나는 지팡이 없이도 살 수 있으며, 헬렌 켈러는 듣지도 못하고 보지도 못하고 말하지도 못했지만 나는 모든 것이 멀쩡하지 않은가.

'그들은 나보다 여건이나 신체적 결함이 훨씬 불리했는데도 성공할 수 있었는데, 나라고 성공하지 못할 이유가 없다'는 자각이

움트기 시작하면서 세상을 긍정적으로 볼 수 있게 되었다.

새로운 희망과 용기와 의욕이 생긴 그는 무엇보다도 배워야겠다는 일념으로 돈을 벌면서 책도 읽을 수 있는 서적행상을 시작했다. 그는 이 서적행상을 하는 동안 무려 1,000권이 넘는 책을 읽었으며, 이를 통해 많은 지식을 얻을 수 있었다.

그는 많은 책을 읽는 가운데 특히 정신력의 위대함을 절실히 느꼈으며, 능력계발을 체계있게 공부하면 무엇인가 자기 앞날을 개척할 수 있는 길이 열릴 것만 같았다. 그는 능력계발을 깊이 있게 연구하는 동안 발표력만 있으면 무엇이든 할 수 있겠다는 확신이 생겨, 이때부터 화술과 웅변을 배우기 시작했다.

말더듬이가 말씨를 교정하기도 쉽지 않은데, 웅변가가 된다는 것은 상식적으로 불가능한 일이었지만, 그는 불가능에 도전했다. 그렇기에 그는 다른 사람보다 몇 배의 피나는 노력을 해야만 했다.

마침내 그는 전국웅변대회에 도전해서 다섯 번 만에 최고상인 특상을 수상했다. 참으로 놀라운 집념이요 성취였다. 이 같은 성취는 그로 하여금 모든 일에 자신감을 가질 수 있게 하였고, 미래에 대한 확신을 갖게 만들었다.

그는 자신감을 계발함으로써 지금까지 자기를 짓눌러왔던 열등감에서 벗어나 자기 마음속에 숨어 있는 잠재능력을 끄집어내 억압되었던 능력을 새로운 힘으로 전환시킴으로써 사회진출에 성공한 본보기 인생이 되었다. 지금 그는 성공철학을 열강하는 명강사가 되어 주목의 대상이 되고 있다.

미국의 철학자 에머슨은 '자신감은 성공의 제일가는 비결'이라고 말했지만, 전성일 원장에 있어 자신감은 성공의 원동력이요 승리의 비결이었다.

열등감에서 벗어나는 방법

만약 뜻을 이루고자 하는 사람이라면 먼저 자신 속에 있는 열등감에서 벗어나야 한다. 이 열등감에서 벗어나려면 먼저 자신에게 왜 이런 열등감이 생겼는지 그 이유부터 찾아야 한다.

열등감이 생기는 원인에는 여러 가지가 있으나, 청소년들에게 가장 많은 비중을 차지하는 열등감은 어려서부터 자신이 변변치 못하다는 생각 때문에 생긴 열등감이다.

예를 들어 어릴 때부터 어려운 환경 속에서 자랐기 때문에 충분히 교육을 받지 못했다거나, 성장과정에서 억압을 많이 받아 주눅이 들어 있거나, 또 신체적 결함으로 남의 조롱을 받으며 살아왔기 때문에 기를 펴지 못하고 위축되어 있다. 그래서 자기는 남보다 못났고 무능해서 무엇을 해도 되는 일이 없다고 생각하고 스스로 능력이 없는 무능한 인간이라고 자포자기하고 있는 것이다. 이렇듯 열등감은 자기계발과 자기실현에 브레이크를 걸고 있는 것이다.

그런데 열등감 그 자체는 해로운 것도 이로운 것도 아니다. 열등감은 마음의 자세에 따라 자기파괴도 되며, 역으로 인간을 크게 만들기도 한다.

열등감이 있는 사람은 다음과 같은 유형으로 나눌 수 있다.

첫 번째 유형은, 닥치는 일마다 자신의 운명이라고 생각하고 일찌감치 단념해버리는 사람이다. 이런 사람은 열등감을 극복할 건설적인 노력은 하지 않고, 스스로 남보다 못났다고 인정하고 자기의 능력없음을 당연시한다. 이런 부정적인 태도로 해서 '나는 틀렸어' 하면서 무력감이나 패배감에 휩쓸려 도피적으로 돼버려 인생을 망치게 한다.

두 번째 유형은, 열등감이 있지만 그 열등감에 구애받지 않고 분발해서 그것을 극복해내는 사람이다. 이런 사람은 자신의 열등감으로 생긴 부정적인 감정 때문에 자신의 인생을 포기할 수 없다고 생각하고, 자기의 열등감이나 약점에 마음 쓰지 않고, 자기가 잘할 수 있는 것 또는 자기의 장점에 눈을 돌려 그것을 살리도록 노력한다. 앞에서 말한 유명인사들이 이 유형에 속하는 사람들이다.

무엇보다 중요한 것은 먼저 열등감은 마음먹기에 따라 얼마든지 극복할 수 있다는 것을 알아야 한다. 마음과 태도를 긍정적으로 바꿀 수 있다면 열등감은 오히려 분발할 수 있는 원동력이 되어 당신을 성공으로 나아갈 수 있도록 이끌어줄 것이다.

성공한 많은 사람들은 한결같이 자신의 열등감을 극복하고 성공의 길로 들어섰다. 그들이 해낸 일을 나는 할 수 없다는 것은 있을 수 없는 것이다. 하면 되는 것이다.

3. 자신감을 이렇게 키워라

자신감을 키우는 방법

자신감은 사람을 긍정적인 방향으로 이끌어주는 성공요소로 반드시 키워야 할 자질이다. 자신감을 가진 사람은 두려움이 없고 당당하며 하려는 일에 용감히 도전할 기백과 어떠한 고난도 뚫고 나아가려는 패기가 있어 언제나 하면 된다는 신념으로 앞날을 개척해나가는 사람이다. 그렇기 때문에 큰일을 이루고자 하는 사람이라면 자신감을 키워 두려움없이 자기의 앞날을 개척할 수 있어야 한다.

자신감을 키운다는 것은 곧 자신을 성공의 길로 이끈다는 것이며 성취동기를 유발함으로써 자신의 잠재능력을 끄집어내어 이를 더욱 활용한다는 것을 의미한다.

그럼 어떻게 자신감을 키울 수 있을까?

첫째, 어떤 일을 성공적으로 해내는 경험이 쌓이면 자신감이 생긴다.

어떤 일을 성공적으로 해내는 경험이 거듭되면 자기 자신을 믿게 되어 자신감이 생겨난다. 이 같은 경험을 통해 스스로 자신에 대한 자부심을 가질 수 있게 되며 자신의 힘으로 사물을 변화시킬 수 있다는 자신감을 가질 수 있게 되는 것이다.

어느 산골 초등학교에 다니던 소년이 있었다. 그는 산수공부가 무척이나 하기 싫어 다른 성적 또한 형편없었다. 숙제를 해가지 못해 가끔은 수업중에 벌을 받기 일쑤였다.

하지만 그는 6학년 때 새로 부임한 담임선생님으로 인해서 인생이 바뀌는 전기를 맞게 된다.

여름방학 때 선생님이 내준 방학숙제는 뜻밖이었다.

"너는 산에 오르기를 좋아하니까 곤충을 채집해 오너라. 열 가지 정도는 해올 수 있을 거야. 그 대신 네가 그토록 싫어하는 산수 숙제는 면제해주마."

그는 얼마나 좋았던지 산속을 헤매면서 스무 가지가 넘는 곤충을 채집하여 표본을 만들어 개학날 선생님에게 제출했다.

"음. 굉장히 많이 채집했구나. 더구나 이런 희귀한 곤충을 많이 채집해온 것을 보니 너는 다른 일도 잘할 수 있을 거야. 이 정도 해낼 수 있다면, 산수라고 못할 리 있겠는가. 오늘부터 산수숙제를 내줄 테니 해보도록 하여라."

그리고는 그날부터 매일 두 문제씩 산수숙제를 내주었다.

그러나 3학년 정도의 문제여서 그 자리에서 바로 풀 수가 있어 조금도 괴롭지가 않았다.

그러기를 1개월, 2개월, 하루도 거르지 않고 풀어나갔다.

더욱이 선생님은 숙제한 것을 내놓을 때마다 칭찬을 해주고 격려해주었다. 이렇게 해서 그가 초등학교를 졸업하고 중학생이 되면서부터는 제일 자신을 갖게 된 과목이 수학이었다. 이 소년은 훗날 대학의 수학교수가 되었다.

우리는 이 체험담에서 자신감을 어떻게 키울 수 있는가를 배울 수 있다. 이와같이 어떤 일을 성공적으로 해내는 경험이 거듭되면 자기 자신이 자기의 능력을 믿게 되어 자신감이 생겨나는 것이다.

그러므로 자신감을 갖게 하기 위해서는 자기가 잘할 수 있는 일을 찾아내 성공적으로 해내는 경험을 많이 쌓아나가는 것이 필요하다.

둘째, 한 가지라도 자신있는 일을 만들게 되면 자신감이 생겨난다.

어떤 한 가지 일에 남보다 뛰어난 점이 있다는 것을 자각하게 되면, 그것이 감성지능의 발달에 좋은 영향을 주어 다른 모든 일에도 자신감이 생겨난다.

일본의 대표적 전자회사인 소니 회사의 창업자 이부카 마사루 회장의 장남은 어릴 때 발육이 늦어 학교에 들어갔을 때 심한 열등감을 가지고 있었다.

그런 그가 갑자기 바이올린을 배우고 싶다고 해서 시작했는데, 뜻밖에 흥미를 가지고 열심히 배워서 상당한 기량을 발휘할 수 있게 되었다.

얼마 후 학교에서 열린 학예회에서 바이올린을 연주할 기회가 있었는데, 그 연주가 성공적으로 이루어지자 선생님을 비롯한 많은 사람들로부터 칭찬을 받게 되었다. 그것이 계기가 되어 그의 열등감은 사라지고, 학업 면에서도 점차 성적이 올라가더니 마침내 우등생이 되었다.

이 실화는 비록 열등아일지라도 어떤 부분에서 다른 아이들보다 뛰어난 점이 있다는 사실을 본인이 깨닫게 되면, 이것을 계기로 자부심을 갖게 되어 다른 면에서도 놀라운 결과를 가져오게 된다는 것을 실증해주고 있다.

그러므로 아무리 사소한 것이라도 자기가 남보다 뛰어나게 잘하는 것이 있으면, 그것을 잘 키워 자부심을 갖게 함으로써, 열등감에서 벗어나 다른 영역에도 자신감을 확대하도록 해야 한다.

셋째, 자신의 열등감으로 생긴 부정적인 감정 때문에 자신의 인생을 포기할 수 없다는 자각이 생겨 분발하게 되면 자신감이 생긴다.

앞에서 말한 열등감의 두 번째 유형에 해당하는 사람들의 경우인데, 지금까지 지녔던 마음과 태도를 바꿔 분발함으로써 열등감을 극복하고 자신감을 되찾는 것이다.

몇 년 전 화제를 모았던 《그러니까 당신도 살아》의 저자로, 인생 대역전극을 연출한 일본의 오히라 마쓰오 변호사의 파란만장한 삶에서, 우리는 그녀가 어떻게 열등감을 극복하고 새 인생을 개척하였는지를 타산지석(他山之石)으로 삼을 수 있다.

그녀는 어린 여중생의 몸으로 왕따를 당해 그 고통에서 헤어나오지 못한 채 자포자기의 심정으로 자살미수, 마약과 혼숙, 야쿠자 두목과 결혼, 호스티스 생활 등 생의 가장 깊은 나락까지 전락하면서 온갖 비행을 일삼았다. 하지만 어느 날 인생의 전환점을 만나 과거의 모든 것을 끊어내고 사법고시에 도전, 마침내 변호사가 되어 비행청소년의 갱생에 힘쓰고 있는 사연은 열등감에 사로잡혀 아무것도 하지 못하는 사람들에게 용기를 북돋아 주기에 충분하다.

그녀는 자신이 저지른 비행 때문에 사회에 발을 붙일 수 없는 쓰레기 같은 인간이 되었다는 자괴심과 열등감 때문에 '나는 틀렸어' 하고 자신의 인생을 포기하고 부정적인 삶을 살아왔다.

그러다가 우연히 만난 아버지의 친구의 간곡한 설득으로 새출발을 결심한 그녀는 과거를 깨끗이 청산하고 그때부터 헛되게 살아온 자기 인생을 되돌려받기라도 하듯 공부에 매달렸다. 처음엔

공인중개사 시험에 합격하고 다음 사법서사시험에 연달아 합격함으로써, 열등감에서 벗어나 자신감을 갖게 되었으며, 마침내 스물아홉 살 때 사법고시에 합격하여 변호사가 된 것이다.

그녀는 자신을 왕따시켜 인생을 망가뜨린 그들에게 복수하겠다는 일념으로 그때까지 증오와 원망에 쏟아부었던 모든 에너지를, 자기의 뜻을 성취하는 데 쏟아부음으로써 보란듯이 멋진 복수를 한 것이다.

우리는 그녀가 열등감에 얽매이지 않고 그것을 오히려 분발할 수 있는 원동력으로 삼아 자기의 뜻을 이뤄나갔다는 사실에 주목한다. 스스로를 믿고 자신을 변화시키고자 하는 마음만 먹는다면 누구나 그녀처럼 열등감에서 벗어나 성공할 수 있는 것이다.

자신감을 가져다 주는 다섯 가지 행동

《크게 생각하는 사람이 크게 성공한다》의 저자 D.J. 슈바르트는 '자신이 있는 생각을 가지기 위해서는 자신있는 행동을 하라'고 권하고 있다. 또 심리학자들은 날마다 올바른 동작을 계속하여 취하게 되면, 이윽고 거기에 대응하는 감정을 느끼기 시작하게 된다고 말하고 있다.

예를 들면 자신이 계속 미소짓고 있으면 마음도 미소를 느끼게 되고, 얼굴을 찌푸리고 있으면 마음도 우울해진다. 또 몸을 구부

리지 않고 언제나 반듯하게 유지하면 보다 의젓하게 느끼게 된다는 것이다.

이것은 동작 자체를 조절함으로써 감정을 바꿀 수 있다는 것이며, 자신있는 생각을 낳는다는 것을 실증하는 것이다. 그러므로 자신있는 생각을 갖기 위해서는 자신있는 행동을 하라는 것이다.

슈바르트는 자신감을 가져다 주는 다섯 가지 행동지침을 다음과 같이 제시하면서, 이것을 실행하기 위해 의식적인 노력을 기울인다면, 반드시 자신감에 찬 사람이 될 것이라고 했다.

첫째, 어떤 자리에서든 앞자리에 앉을 것.

집회에 가보면 많은 사람들이 뒷자리에 앉으려고 하는 것을 볼수 있는데, 이것은 남의 눈에 띄고 싶지 않기 때문이다. 그들이 남앞에 떳떳이 나서지 못하는 이유는 자신감이 부족하기 때문이다.

대체로 앞자리에 앉는 사람들은 그 일에 관심이 있거나 적극적으로 참여하는 사람들이고, 뒷자리에 앉는 사람들은 마지못해 참석했거나 그 일에 소극적이고 방관하는 사람들이다.

앞에 앉는다는 것은 자신감을 마련하는 계기가 된다. 가능한 한 앞자리에 앉도록 노력하라. 앞자리에 앉아야 남의 눈에 띄게 되고, 남의 눈에 띄게 되어야 남의 인정을 받게 되고, 남의 인정을 받게 되어야 그 일에 적극 참여하는 계기가 마련되어 점차 자신감이 생기게 되는 것이다.

둘째, 상대방의 눈을 보는 습관을 가질 것.

상대방과 이야기를 나눌 때 서로 상대방의 눈을 정면으로 바라보면서 말하는 것이 예의이고 바른 대화의 태도이다.

그런데 자기의 눈을 똑바로 쳐다보지 못하고 눈길을 피하려는 사람이 있으면, 본능적으로 혹시 저 사람은 나에게 무엇을 숨기려고 하고 있는 것은 아닌가, 그는 무엇을 두려워하고 있는 것은 아닌가 하고 의심하게 될 것이다.

대개의 경우 상대방의 눈을 정면으로 보지 못하고 눈길을 피하는 것은, 자신의 열등감이나 죄의식을 나타내보이고 있거나, 아니면 두려움이나 자신감이 없음을 보여주는 것이다.

상대방의 눈을 정면으로 바라봄으로써 이 같은 공포에서 벗어나야 한다. 상대방의 눈에 초점을 맞추어 보는 것은 '나는 정직하고 숨길 게 없습니다', '나는 겁나지 않습니다', '나는 자신을 가지고 있습니다' 하고 말하는 것과 같다.

그러므로 상대방과 이야기할 때에는 상대방의 눈을 정면으로 쳐다보면서 말하도록 노력하라. 그렇게 하는 것은 자기에게 자신감을 갖게 해줄 뿐만 아니라, 떳떳하게 나서게 하는 힘을 만들어주는 일이기도 하다.

셋째, 25% 정도 빨리 걸을 것.

맥이 빠진 걸음걸이나 태도가 완만한 걸음걸이는 생기가 없는 자기 자신의 위축된 마음과 패배의 불안감을 나타내보이는 것이다. 그러나 자신감을 가지고 있는 사람은 보통 사람보다 더 빨리 걷는다. 왜냐하면 그에게 할 일도 많고 의욕과 활기가 넘치기 때문이다.

자신감을 갖도록 하기 위해서는 보통 때보다 25% 정도 빨리 씩씩하게 걷는 법을 익히도록 해야 한다. 어깨와 가슴을 펴고 머리를 쳐들고 보통 때보다 좀더 빨리 걷는 것이 습관화된다면, 그 활달한 기상이 그 사람으로 하여금 자신감이 점차 확대되도록 만들어줄 것이다.

넷째, 적극적으로 이야기에 참여할 것.

여러 사람이 모일 때나 회의를 할 때 말없이 침묵을 지키는 사람들이 있다. 토론이나 이야기하는 데 능력이 없어서가 아니라, 혹시 나섰다가 실수라도 하면 어떻게 하나 하는 두려움 때문에 주저하는 것이다.

적극적으로 이야기하는 데 나서라. 자기가 출석하는 모임에서 침묵을 지킬 것이 아니라, 적극적으로 참여하고 질문하고 비판하고 의견을 제시해보라. 그렇게 하면 아무리 소심한 사람이라도 여러 사람들과 부담없이 이야기를 나누는 사이에 점점 자신감이 생겨서 다음에 이야기하기가 훨씬 쉬워질 것이다. 이것이야말로 자신감을 갖게 하는 활력소가 된다.

다섯째, 크게 웃을 것.

크게 웃는 것은 자신감의 표현이다. 크게 웃어라. 이가 드러날 정도로 크게 웃어라. 조용한 미소는 소극적인 태도를 보이지만, 크게 웃는 것은 그 사람의 적극적인 태도를 보이는 것이다.

큰 웃음은 공포를 제거하고 괴로움을 없애주며 의기소침을 날려버린다. 참된 웃음은 내키지 않는 감정을 치료해줄 뿐만 아니라, 남의 반대를 녹여버리는 역할을 해낼 것이다. 크게 웃어라. 대담하게 웃어라. 그리하면 자신감이 절로 생겨날 것이다.

제2장

자기관리 계발 전략

제1절

좋은 습관을 들여라

1. 습관에는 무서운 힘이 있다

습관이란 함정에 빠진 코끼리 이야기

코끼리는 육상에서 서식하는 동물 중에서 몸집이 가장 크고 힘이 센 동물이다. 몸 길이 6~7.5m, 몸 높이 3.5~4m, 몸무게 6.5~10톤에 달하는 육중한 몸으로 아프리카 대륙과 서남아시아의 밀림 속에서 백수의 왕으로 군림하고 있다.

그런데 이처럼 강한 힘을 가진 코끼리가 서커스에 가보면 자그마한 말뚝에 묶여 힘없이 서 있는 모습을 보게 된다. 그 엄청난 힘을 가진 지상 최대의 동물이 왜 자기가 가진 힘을 발휘하지 못하고 힘빠진 강아지꼴이 되어 말뚝에 묶여 있는 것일까?

코끼리는 어린 시절 힘이 약할 때부터 말뚝에 묶여 있었다. 어린 코끼리는 묶여 있는 것이 싫어서 어떻게든 벗어나려고 몸부림을 쳐보았지만 말뚝의 줄을 끊기에는 너무나 연약하다. 몇 번이고 힘을 써보다가 도저히 벗어나는 것이 불가능하다는 사실을 깨닫게 된다. 이런 과정을 겪은 코끼리는 이른바 후천적 무력감을 학습하게 되고 끝내는 체념하고 만다.

그 뒤 세월이 흘러 코끼리는 몸집이 커지고 힘도 강해졌지만, 그 말뚝을 뽑을 엄두를 내지 못한다. 어릴 때의 그 불가능했던 기억에 지배를 당하고 있는 것이다.

코끼리는 1톤 정도의 무게를 거뜬히 들어올리는 엄청난 힘을 가진 동물이지만, 그렇게 습관이란 함정에 빠지면 양전한 한 마리의 강아지꼴이 되고 마는 것이다. 그래서 자기의 힘을 사용하지 못한 채 평생을 묶여만 있는 것이다.

습관이라는 함정에 빠져 허우적거리는 이 코끼리의 이야기는 바로 우리들이 타고난 능력을 발휘하지 못하고 맥없이 살아가고 있는 모습과 흡사하다. 모든 것을 체념한 채 양전한 강아지꼴이 되어 있는 코끼리의 모습을 보면서, 습관이란 이처럼 무서운 힘으로 사람을 지배하고 있다는 사실을 새삼 깨닫게 된다.

운명을 지배하는 습관

'세 살 적 버릇이 여든 간다' 는 속담이 있다. 어렸을 때 든 버릇은 늙도록 고쳐지지 않는다는 말이다. 또 비슷한 말로 '제 버릇 개 줄까' 라는 속담도 있다. 한번 습관이 만들어지면 좀처럼 그 습관에서 벗어나기가 어렵다는 경고의 말이다.

습관은 이처럼 무서운 힘으로 사람을 지배한다. 그래서 어느 철학가는 '습관은 폭군과 같다'고 말하기도 했다. 우리가 매일 취하는 행동의 95%는 습관으로부터 나온다고 할 만큼 '인간은 습관의 묶음'인 것이다. 문제는 그 습관이 어떤 것인가 하는 것이다.

좋은 습관은 그것으로 인하여 자기의 능력을 향상시키고 행복한 삶을 누리며 성공의 길을 걷게 되지만, 나쁜 습관은 그것 때문에 능력이 저하되고 불행한 삶을 살며 실패의 길을 걷게 된다.

습관은 인생을 지배하는 놀라운 힘이다. 습관은 우리의 생각과 행동을 지배하고 성격을 형성하고 운명까지도 좌우한다. 더욱이 습관은 만들기는 쉬우나 한번 만든 다음에는 고치기가 무척이나 어렵다. 그래서 도산 안창호 선생은 '천군만마의 대군을 이기는 것보다 자기 습관을 고치는 일이 더 어렵다'고 했다.

그러므로 우리는 한번 몸에 밴 습관을 고치기가 어렵다는 사실을 인식하고 감수성과 흡수력이 왕성한 시기에 적극적으로 좋은 습관을 만들어 행복한 삶, 성공하는 삶이 되도록 힘써야 하며, 동시에 나쁜 습관이 있다면 빨리 고쳐 불행한 삶, 실패하는 삶이 되지 않도록 힘써야 한다.

2. 습관에는 어떤 특성과 효과가 있는가

습관이 갖는 관성의 법칙

습관은 절대로 하루아침에 만들어지는 것이 아니다. 한두 번 아침 일찍 일어난다고 일찍 일어나는 습관이 몸에 배지 않듯이 같은 행동을 여러 달 계속하여 반복해야만 비로소 하나의 습관이 형성된다. 즉 어떤 행동이 우리의 몸에 배고 인이 박혀야 습관으로 정착되는 것이다.

습관으로 일단 형성되어 버리면 그 다음부터는 아무런 의식이나 노력 없이도 자연스럽게 기계적으로 쉽게 이루어지게 된다. 이것은 습관이 갖는 특성이며 장점이기도 하다.

예를 들어 아침에 일찍 일어나 운동하는 습관을 들일 경우 처음에는 힘이 들지만 일단 습관화되면, 일찍 일어나려고 애쓰지 않아도 일정시간에 자동적으로 일어나게 되는 것은 말할 것도 없고,

오히려 아침운동을 하지 않으면 몸이 찌뿌드드해서 견딜 수가 없게 되어 꼭 하게 되는 것이다.

이렇듯 일단 형성된 습관은 그 자체의 추진력이 생겨 힘들지 않고 계속 할 수가 있게 되는 것이다. 이것이 습관이 갖는 관성의 법칙이다.

이 같은 습관의 특성을 잘 활용한다면 인생에 크게 플러스 작용을 할 수 있을 것이다. 좋은 습관은 가꾸기에 따라서는 성공에 이르는 가장 좋은 무기가 될 수도 있기 때문이다.

습관이 주는 효과

좋은 습관을 기르게 되면 힘들이지 않고 쉽게 자기의 뜻을 성취해나가는 데에 크게 플러스 작용을 하게 되지만, 나쁜 습관을 기르게 되면 그것이 걸림돌이 되어 자기발전에 크게 마이너스 작용을 하게 된다.

이를테면 일찍 일어나는 습관을 만든 사람은, 일찍 일어나려고 애쓰지 않아도 시간이 되면 저절로 일찍 일어나게 되는 습관으로 해서, 평생 동안 부지런한 사람으로 많은 일을 할 수 있고, 또 많은 이익을 얻게 되어 자기발전에 플러스 작용을 한다. 하지만 반대로 게으른 나쁜 습관을 만든 사람은, 그 게으른 나쁜 습관으로 해서 평생 동안 게으른 사람으로 많은 손해를 보게 되어 자기발전을 저해하는 마이너스 작용을 하는 것과 같은 것이다.

다시 말하면 나쁜 습관은 그것이 인생의 장애물이 되어 인생을 낙오게 하지만, 좋은 습관은 삶을 향상시키고 풍요롭게 해주는 것이다.

문제는 좋은 습관을 어떻게 길러주느냐에 달려 있다. 좋은 습관은 쉽게 길러지는 것이 아니다. 꾸준히 반복되는 동안 몸에 익혀서 실천에 이르게 되는 것이다.

좋은 습관은 기르기는 어렵지만, 그것을 가지고 세상을 살아가기는 쉽다. 그러나 나쁜 습관은 쉽게 몸에 붙지만, 그것을 가지고 살아가기는 어렵다.

이제 우리가 노력해야 할 일은 좋은 습관을 형성시키고 그것을 정착시키는 것이다. 동시에 나쁜 습관을 찾아내어 그것을 제거하는 일에 힘써야 할 것이다.

3. 어떤 좋은 습관을 길러야 할까

일찍 자고 일찍 일어나는 습관

사람의 몸은 본래 일찍 자고 일찍 일어나면 쾌적함을 느낀다. 그것은 하루 종일 태양과 달, 그리고 지구의 움직임에 따라 인간의 몸도 달라지기 때문이다. 그래서 일찍 자고 일찍 일어나면 마음이 상쾌해져서 좋은 하루를 시작할 수 있다.

일찍 일어난 만큼 더 많은 시간을 활용할 수 있고, 또 부지런한 생활습성을 기를 수 있다. 일찍 일어나는 사람은 부지런하고 열심히 사는 사람이므로, 당연히 부가 따르고 생활이 윤택해질 뿐만 아니라, 일찍 출발한 사람인 만큼 모든 면에서 다른 사람들보다 한 발 앞서 나갈 수 있게 된다. 거기에 매일 적절한 아침운동을 곁들인다면 마음과 몸을 함께 건강하게 신장시켜 나갈 수 있다.

사업가들은 대체로 아침형 인간이 많고, 작가나 예술가들은 야간형 인간이 일반적이다. 재산을 기준으로 생각한다면 아침형 인간이 바람직하고, 자유롭고 자신이 좋아하는 일을 하고 싶은 사람은 아무래도 야간형 인간이 바람직할 수도 있다. 그러나 크게 성공한 사람들은 대체로 부지런한 사람이었다는 사실을 간과해서는 안 될 것이다.

일찍 일어나는 습관은 꼭 정복해야 할 가장 중요한 기본적인 습관으로, 이것이 습관화되면 다른 습관을 정복하기는 그다지 어렵지 않다. 그러므로 이것만은 반드시 습관화되도록 힘써야 한다.

예절바른 생활습관

사회생활에서 기본이 되어야 할 생활습관에는 인사 잘하는 습관, 친절하게 대하는 습관, 약속을 지키는 습관 등을 들 수 있다. 이것은 개인의 품격을 나타내는 표상이기도 하지만 대인관계를 원만하게 하는 기본원리가 되므로, 이를 몸에 익혀 습관화되면 사회에서 인정받고 존경받게 된다.

첫째, 미소짓고 인사 잘하는 습관부터 길러야 한다.

인사성이 밝은 사람은 대체로 밝고 활달하여 붙임성이 있고 상냥하며 친근감이 있어 상대방에게 호감을 준다. 그래서 좋은 친구를 얻을 수 있고 많은 사람들과 교분을 넓힐 수 있다.

웃는 얼굴과 밝은 표정으로 정답게 인사하는 것은, 상대방에게 좋은 인상을 주게 되어 서로를 친밀하게 만들어준다. 이것은 좋은 사회성을 기르게 하고 인간관계를 부드럽게 해주며 밝고 명랑한 성격형성에 좋은 영향을 끼치게 한다.

또 인사라는 행위를 통해 그 사람의 됨됨이와 인격을 한눈에 헤아려 보게 되고, 그것으로 사람을 평가하는 경우가 많기 때문에 철저하게 인사범절에 유의하여 어디서든 좋은 인상을 남기도록 힘써야 한다.

둘째, 친절하게 대하는 습관을 길러야 한다.

친절은 남에게 정답고 부드럽게 대하는 것으로 시작된다. 서로가 따스한 마음을 가지고 친절하게 하면 상대방의 마음을 기쁘게 해주고 기분을 좋게 해줄 뿐 아니라, 상대방에게 호감이 가서 정다워지고 훈훈한 마음이 되어 금새 친근감을 갖게 된다.

더욱이 남을 배려해주거나 찾아온 사람에게 성의를 가지고 상대방이 바라는 것을 성심성의로 도와주려고 노력할 때 신뢰감이 생겨 상대방에게 좋은 인상을 주게 된다.

이런 친절한 태도가 습관화되면 인간관계가 좋아져서 타인으로부터 신뢰를 받고 모든 일에 협조하게 만들어 하는 일에 크게 플러스 작용을 하게 될 것이다.

약속을 지키는 습관

애인관계의 근본은 신의이다. 이 신의는 작은 약속에서부터 쌓여진다. 약속을 지킬 때 서로 믿을 수 있고 서로 사랑할 수 있고 서로 도우며 살아갈 수 있다.

약속을 한다는 것은 자기가 한 말에 대하여 책임을 진다는 것이다. 책임을 진다는 것은 신용을 지킨다는 것이요, 거짓말을 하지 않고 양심을 속이지 않는다는 것이다. 이렇듯 약속은 명예와 신의를 전제로 하는 것이므로, 약속한 것은 반드시 지켜야 하는 것이다.

약속을 지키지 않으면 신뢰를 쌓을 수 없고, 신뢰가 없으면 다른 사람으로부터 신임을 받지 못해 더불어 살아가야 할 사회에서 설 땅이 없게 된다.

그러므로 신의있는 사람이 되려면 약속부터 지키는 습관을 길러야 한다. 이것은 좋은 친구를 얻는 길이요, 사회에서 활동영역을 넓히는 데 있어 그 기초를 닦다놓은 길이 될 것이다.

질서를 지키는 습관

질서는 공동체 속에서 모두가 기분 좋게 생활하기 위한 불가결한 수단이다. 질서를 잘 지키면 우리들의 삶은 편하고 안전해지지만 질서가 지켜지지 않으면 함께 살아가는 일이 힘들어진다.

차례를 지키고 규범을 지키는 질서생활은 다른 사람에 대한 최소한의 예의이므로, 몸에 배도록 습관화되고 생활화되어야 한다.

깊이 생각하고 행동하는 습관

행동에 옮기기 전에 한 발 물러서서 깊이 생각하는 습관을 가지면 자기가 원하는 해결책을 찾을 수 있고 또 실패도 줄일 수 있다. 동시에 생각하고 궁리하는 사고력을 신장시킬 수 있고, 매사에 신중하게 처리하는 조심성을 기를 수 있다.

하던 일을 반드시 끝마치는 습관

무슨 일이든 시작했으면 반드시 끝을 맺도록 습관을 들여야 한다. 하던 일을 중도에 포기하거나, 다음날로 미루지 않고 그날 일은 그날에 끝마치도록 노력하는 것은, 한 가지 일에 집중하는 힘을 길러주며 맡은 일에 책임감을 갖게 한다. 또 끝까지 물고 늘어지는 지구력과 어떤 일을 완성해보려는 성취욕을 강화시켜준다.

자신의 건강을 스스로 챙기는 습관

세상에서 무엇이 소중하고 중요하다고 해도 건강처럼 소중하고 중요한 것은 없다. 몸이 건강해야 모든 일에 의욕과 열의를 가지고 뜻한 바를 성취하려고 분투하고 도전하는 기백이 생긴다. 그래서 건강은 우리의 첫째가는 밑천이다.

젊을 때는 건강하다는 사실을 당연하게 받아들인다. 그래서 자신의 몸을 과신하고 아무렇게나 생활하는 경향이 있다. 그러나 병마는 그 틈을 타서 예고없이 찾아든다. 그러므로 늘 건강을 챙기고 병들지 않도록 조심해야 한다.

건강에 대한 관심은 모든 관심에 앞서야 한다. 건강관리에 소홀하고 무관심하다는 것은, 자기 인생에 대하여 태만하고 무책임한 것이다. 건강을 등한히 한다는 것은 곧 인생을 등한히 하는 것과 다름이 없다. 그래서 인도의 마하트마 간디는 '인간의 첫째가는 의무는 자기의 심신을 건강하게 유지하는 것'이라고 말했다.

건강을 지키려면 우선 균형있는 식사를 해야 한다. 이것은 값비싼 영양식이나 보약을 먹는 것보다 훨씬 값지다.

그리고 먹는 것 못지않게 중요한 것은 체력을 단련하는 일이다. 매일 규칙적으로 운동을 하게 되면, 자연히 습관화되어 운동을 계속하게 될 뿐만 아니라, 체력에 대한 자신감이 생겨 모든 일에 적극성을 띨 수 있다. 또 운동을 통해 얻을 수 있는 것은 건강뿐만 아니라 흐트러진 정신을 다잡는 방법이 되기도 한다.

건강은 자신만이 관리할 수 있는 유일한 자산이다. 그렇기 때문에 자신의 건강을 스스로 챙기는 습관을 길러야 한다.

제2절

인간관계를 원만히 하라

1. 인간은 관계적 존재이다

인간관계의 중요성

졸업한 제자들의 요청을 받아 동창회 모임에 가 보면, 인생의 성공 여부를 결정짓는 것은 학교의 성적이 아니라 인간관계에 있다는 것을 새삼 실감하게 된다.

학교에 다닐 때 공부에만 매달려 성적이 우수한 학생들은 좋은 대학과 직장에 들어갔지만, 평소 친구들과 잘 어울리지 못하고 자기중심적으로 살아온 탓에 사회에 나가서도 직장의 상급자나 동료로부터 환영을 받지 못해 기대치에 훨씬 못미치는 지위에 있는 것을 볼 수 있다. 이런 학생들은 자연히 이런 모임에도 잘 나오지 못하고 있는 것이다.

그런가 하면 학교에 다닐 때 성적은 별로 좋지 않았지만, 친구들과 잘 어울리며 친구들을 잘 돌봐주던 친구는 사회에 나가서도 주위 사람들로부터 환영과 지지를 받아, 예상치 못한 지위에까지 올라가 있을 뿐만 아니라, 이런 모임에서도 두각을 나타내 판을 이끌고 있는 것을 볼 수가 있다.

이러한 사례를 보면 인간관계라는 것이 얼마나 중요한가를, 또 그 사람의 성취에 얼마나 중대한 영향을 끼치고 있는가를 알 수가 있다.

개인의 성취에 지대한 영향을 주는 인간관계

인간은 누구나 관계 속에서 살아간다. 부자관계, 형제관계, 친구관계, 사제관계, 동창관계, 선후배관계 등 여러 관계의 그물 속에서 살아가는 것이 우리의 사회생활이다. 사람은 이러한 관계를 떠나서 살아갈 수 없다. 그래서 인간은 사회적 존재요, 관계적 존재이다. 그러므로 인간은 어떤 형태이든 상호간에 관계를 맺으며 살아가야 하는 것이다.

이러한 관계 속에서 살아가는 인간에게 있어 가장 중요한 것은 인간관계이다. 인간관계란 나 이외의 다른 사람들과 접촉하며 살아가는 데 있어서 사람과 사람 사이의 관계를 말한다. 이 인간관계가 좋으냐 나쁘냐에 따라서 인간의 행과 불행이 엇갈리고 성패가 좌우된다. 그러므로 우리는 남과의 관계에 있어서 언제나 원만한 인간관계를 이루어나가도록 힘써 행복하고 성공하는 인생이 되어야 한다.

인간관계가 좋은 직장생활이나 사회생활은, 모두가 하는 일이 즐겁게 되고 서로 협력하게 되어 그것이 곧 인생의 즐거움이 되면서, 동시에 우리의 직장이나 사회를 밝게 해주는 활력소가 되는 것이다.

이렇듯 인간관계는 우리의 사회생활에 있어서 매우 중요한 작용을 하고 있다. 또 인간관계는 태도나 감정에서 뿐만 아니라, 개인의 성취에 지대한 영향을 주고 있다.

미국의 카네기공업협회에서 사회적으로 성공한 만 명을 대상으로 '성공의 비결'이 어디에 있는가를 조사했더니 두뇌, 기술, 노력에 의한 성공률이 15%인데 비해 인간관계에 의한 성공률이 놀랍게도 85%를 차지했다고 한다.

또 하버드대학 직업보도국에서 '실직의 사유'를 조사해 보았더니 일을 잘 못해서 쫓겨난 사람보다 인간관계가 나빠서 적응을 하지 못하고 그만두게 된 사람이 두 배 이상이나 되었다고 한다.

이것은 인간관계가 좋은 사람은 사회에서 성공하지만, 인간관계가 나쁜 사람은 실패하기 쉽다는 것을 실증해주고 있다. 이러한 사례를 보면 인간관계라는 것이 그 사람의 성취에 얼마나 중대한 영향을 주고 있는가를 알 수가 있다. 그러므로 이를 타산지석으로 삼아 좋은 인간관계를 갖도록 대인관계에 신중히 대처해야 할 것이다.

2. 원만한 인간관계로 성공한다

인정을 받고 싶어하는 욕구

뉴욕의 의자 생산업자인 제임스 애덤슨은 의자를 대량으로 납품할 곳을 물색하다가 로체스터의 이스트만 음악학교와 킬본홀이 건축되고 있다는 것을 알아내 그 건물에 자기 회사의 의자를 납품하고자 했다. 그래서 그 건물의 건축가에게 교섭하여 간신히 조지 이스트만을 만나기로 약속했다.

애덤슨이 이스트만을 만나기 위해 약속장소에 나가자 건축가는 먼저 그에게 주의부터 주었다.

"나도 당신이 납품하고 싶어하는 것을 잘 알지만, 만약 당신이 이스트만의 시간을 5분 이상 빼앗으려 한다면 모든 것이 물거품으로 돌아간다는 것을 알아두어야 합니다. 그는 엄격한 원칙주의자인 데다가 대단히 바쁜 사람이오. 그러니 요점만 간단히 이야기한

다음 얼른 물러나와야 합니다."

이윽고 애덤슨이 건축가의 소개로 이스트만을 만나 인사를 나누자 애덤슨은 이렇게 말문을 열었다.

"바깥에서 기다리는 동안 사무실을 둘러보며 감탄을 금할 수가 없었습니다. 제가 명색이 실내장식을 전문으로 하는 사람이지만, 이렇게 근사한 사무실은 아직 본 적이 없습니다."

그러자 이스트만이 자기의 높은 취향을 알아주는 애덤슨의 말에 반색하며 대답했다.

"하긴 참 아름다운 사무실이지요. 그렇지 않습니까?"

애덤슨은 칸막이 쪽으로 가다가 손가락으로 벽면을 문질러 보며 말했다.

"이건 영국제 참나무로군요. 그렇지요? 이태리 참나무와는 촉감이 다르지요."

"그렇소. 목재에 전문적인 식견이 있는 친구가 추천을 해줘서 그걸 썼다요."

그때부터 이스트만은 애덤슨에게 자기 사무실을 일일이 구경시켰다. 한참 동안 사무실 안을 돌아다닌 끝에 이스트만이 창문을 열자, 눈앞에 로체스터대학 제너럴 호스피탈, 호메오파딕 병원, 프렌들리 양로원, 아동병원 등이 즐비하게 늘어서 있었다. 그러자 애덤슨은 이렇게 말했다.

"이 건물들은 회장님께서 불우한 사람들을 돕기 위해 설립한 기관들이 아닙니까? 참으로 훌륭한 자선사업을 하고 계십니다. 참으로 존경스럽습니다."

애덤슨은 그가 가장 이상적인 방법으로 재산을 쓰고 있다며 진심어린 경의를 표했다. 흐뭇한 표정으로 이야기를 나누는 동안 5분 이상 지체하지 말라는 충고에도 불구하고 두 시간이 훌쩍 지나가버렸다.

조지 이스트만이 새로 짓는 두 건물에 필요한 의자들은 모두 9만 달러어치에 달하는 물량이었다. 과연 그 주문을 제임스 애덤슨이 차지했을까, 아니면 그의 경쟁자에게 돌아갔을까?

이후 두 사람은 세상을 떠날 때까지 절친한 친구 사이로 지냈다.

조지 이스트만, 그는 누구인가? 코닥사의 창설자로 투명필름을 개발하여 활동사진을 가능케 한 장본인이다. 덕분에 그는 수억 달러에 이르는 막대한 재산을 모아, 세계적으로 유명한 사업가 명단에 올라 있는 백만장자이지만, 그런 사람조차도 우리와 똑같이 인정받고 싶어하는 욕구에 목말라 하고 있었다는 사실을 알 수가 있다.

인간의 행동을 지배하는 가장 중요한 법칙이 하나 있다. 그것은 언제나 상대방으로 하여금 자신이 중요한 인물이라는 느낌을 갖게 하는 것이다.

미국의 철학자이며 심리학자인 윌리엄 제임스는 인간의 본성 가운데 가장 뿌리 깊은 원칙은 '인정을 받고 싶어하는 욕구'라고 갈파했다. 인간은 모두 인정받고 싶어한다. 마음에도 없는 아첨을 듣고 싶어하는 것이 아니라 자신의 진정한 평가를 받고 싶은 것이다.

이 같은 인간관계의 법칙을 잘 활용할 수만 있다면 누구나 사회생활에서 성공을 거둘 수 있을 것이다.

원만한 인간관계로 추앙받는 대통령

시어도어 루스벨트는 미국의 제26대 대통령으로, 혁신주의적 개혁정책을 펴서 국민의 신망이 높았던 사람이다.

그는 인간미 넘치는 폭넓은 인간관계로 백악관의 말단 사환에 이르기까지 많은 사람으로부터 절대적인 존경과 인기를 모았다.

그의 재임중에 백악관에 근무했던 흑인 사환 제임스 에모스는 자기가 직접 모셨던 루스벨트 대통령을 잊지 못해 《사환이 본 시어도어 루스벨트》라는 책을 펴냈다.

그 책에는 루스벨트 대통령의 인간성과 성실한 대인관계를 엿볼 수 있는 다음과 같은 대목이 들어있다.

"어느 날 나의 아내가 대통령에게 메추라기가 어떤 새냐고 물었다. 아내는 메추라기를 본 적이 없었다.

대통령은 내 아내에게 메추라기는 이러이러한 새라고 자상하게 가르쳐주었다. 그리고 얼마 후 집으로 전화가 왔다. 대통령 저택 안에 살고 있었던 아내가 전화를 받아보니 상대가 대통령이었다.

대통령은 내 아내에게 지금 때마침 그쪽 창밖에 메추라기가 한 마리 앉아 있으니 창문으로 내다 보면 그 새를 볼 수 있을 것이라고 일러주었다. 이러한 작은 일에도 대통령은 자상한 관심사를 보여주시는 분이었다.

뿐만 아니라 대통령은 우리 집 앞을 지나칠 때에는 우리들이 모습이 보이건 안 보이건 '어, 애니! 어, 제임스!' 하고 언제나 다정한 목소리로 불러주셨다."

고용인들이라면 이러한 주인을 좋아하지 않을 수 없을 것이다. 더구나 대통령의 신분으로 일개 하찮은 사환의 아내에게까지 따스한 관심을 보여주니 어느 사람이 그를 따르지 않겠는가.

대통령은 오가는 도중에 정원사나 사환을 만나면 언제나 인자하게 한 사람 한 사람 이름을 부르며 말을 건넸다. 사환들은 지금까지도 그때의 일을 생각하며 모두들 즐거운 추억으로 삼는다.

루스벨트 대통령의 인간관계는 봄바람처럼 훈훈하다. 그래서 그를 만나는 것이 기쁘고 즐겁고 편안하다. 대하는 사람마다 호감이 가고 호의를 느끼게 한다.

대통령이라는 권위의식이 전혀 없고 모두 집안 식구들처럼 대해주는 그의 소탈하고 인간미 넘치는 친화적인 인간관계는 모든 사람들을 따르게 만들었고 존경하는 대통령으로 추앙받게 하고 있는 것이다.

3. 어떻게 하면 좋은 인간관계를 맺을 수 있을까

인간관계를 좋게 하는 핵심적 요소

우리들 주변에는 딱히 꼬집어 말할 수는 없지만, 어쩐지 마음이 끌리게 하는 사람이 있다. 저 사람이라면 어떠한 문제라도 터놓고 의논할 수 있을 것이라고 믿어진다거나, 또 자기의 고민을 이야기하면 마음이라도 가벼워질 것 같은 사람이 있다.

그런가 하면 그와는 반대로 까닭없이 가까이하기가 싫거나 괜스레 혐오감이 생겨 경계까지 하게 되는 그런 사람이 있다.

이러한 차이는 도대체 어디서 오는 것일까? 그것은 그 사람이 갖는 인간관계에 기인하는 것이다. 인간관계가 좋은 사람은 누구나 자연적으로 가까이 하고 싶어지기 때문에 남에게 호감을 사고 환영받게 된다. 그러나 인간관계가 나쁜 사람에게는 아무도 가까이하려고 하지도 않으며 찾아오지도 않고 따르지도 않으므로, 인생이 고독해지고 불행해질 수밖에 없는 것이다.

그럼 인간관계에서 성공하는 길은 무엇인가? 어떻게 하면 다른 사람에게 환영을 받고 호감을 줄 수 있는가? 인간관계를 좋게 하는 핵심적 요소는 친밀감과 신뢰감이다. 그럼 친밀감과 신뢰감을 주는 사람은 어떠한 사람인가?

첫째, 친밀감을 주는 사람은 매우 부드럽고 친화력을 갖는 사람이다.

누구나 가까이하고 싶고 또 가까이하기 쉬운 사람이다. 대화를 나누다 보면 저절로 호감이 가고 호의를 느끼게 한다. 그래서 만나는 것이 즐겁고 기뻐서 자주 만나고 싶어진다.

또 언제나 따스한 마음과 온유한 태도로 사람을 대하기 때문에 상대방의 마음이 편안하다. 이해심이 많아 남을 배려할 줄 알고, 어려운 일에 발벗고 남을 잘 도와준다. 서로 협동하게 하여 일의 성과를 높이게 한다.

둘째, 신뢰감을 주는 사람은 신망이 두텁고 양심이 바른 사람이다.

누구나 마음을 터놓고 이야기하고 싶고, 또 믿고 의논할 수 있는 사람이다. 남을 속이지 않고 정직하므로 그의 인격을 믿을 수 있게 된다. 또 언제나 성실하고 무슨 일에나 정성을 다하므로 상대방을 감동케 하고 마음으로부터 우리를 동지로 만들게 한다.

이와같이 친밀감과 신뢰감을 주는 사람은 많은 사람들로부터 환영받고 인정받고 존경받는 사람이다. 우리는 이를 본받아 좋은 인간관계를 갖도록 대인관계에 각별히 유의해서 살아가야 할 것이다.

인간관계를 좋게 하는 열 가지 방법

좋은 인간관계는 원만한 사회생활을 영위하게 할 뿐만 아니라, 인간적인 성장도 가져온다. 여기 인간관계를 좋게 하는 열 가지 방법을 제시한다.

(1) 먼저 인사하라

웃는 얼굴로 밝은 표정으로 먼저 인사하라. 반갑고 부드러운 인사말은 인간관계의 첫걸음이다. 첫 인사말이 첫인상을 좌우하고 또 인간관계 형성에 큰 영향을 준다.

(2) 웃으며 대하라

미소는 호의의 표정이요, 다정한 인사의 표정이다. 웃는 얼굴은 호감을 사고 친밀감을 갖게 한다. 봄바람처럼 부드러운 미소로 사람을 대하라. 모두가 친구되기를 원할 것이다.

(3) 친절하게 대하라

친절은 정답고 부드럽고 따뜻한 마음씨의 표현이다. 친절만큼 가슴을 따뜻하게 하는 것은 없다. 언제나 친절하게 대하라. 그러면 당신 주위에 많은 사람들이 모여들 것이다.

(4) 인정해주고 칭찬하라

인간은 누구나 인정받고, 칭찬받고 싶은 강한 욕구를 가지고 있다. 남의 능력이나 업적을 또 남의 장점이나 뛰어난 점을 발견하고 칭찬해주라. 칭찬은 상대방을 기쁘게 해주고 남을 나의 친구로 만드는 훌륭한 무기다.

(5) 이름을 기억하라

자기의 이름을 기억하고 있다는 것은 정말 기분좋은 일이다. 상대방의 이름을 정확히 기억하고 불러주라. 이것은 자기에 대한 관심이 크다는 것을 말하는 것이므로 상대방에 대해 호감을 갖게 되는 것이다.

(6) 관심을 가지라

관심을 갖는다는 것은 상대방에 대해 마음을 쓰는 것이요, 배려하는 것이다. 상대방에 대해서 깊은 관심을 가져라. 인간은 누구나 자기에게 따뜻한 관심을 가져주는 사람을 좋아한다.

(7) 존중하라

상대방을 정중하게 대하는 것은 예의를 갖추어 존경의 뜻을 표하는 것이다. 먼저 상대방의 의사를 존중해주고, 인격을 존중해주고, 개성을 존중해주어라. 그러면 상대방 또한 당신을 위해 주고 떠받들게 될 것이다.

⑻ 너그럽게 대하라

이 세상에 허물이 없는 사람은 없다. 누구나 언젠가는 잘못을 저지를 수 있는 것이다. 남의 잘못에 대하여 너그럽게 대하라. 사람이 관대하면 인심을 얻고 많은 사람들을 거느릴 수 있다.

⑼ 남을 도우려고 힘써라

남을 돕는 일처럼 가치있는 일은 없다. 비록 적은 도움이라도 그것을 받는 사람에게는 큰 기쁨이 되고 힘이 된다. 남을 위해 봉사하라. 그것이 좋은 친구를 얻는 길이요, 좋은 인간관계를 맺는 지름길이다.

⑽ 남을 비판하지 말라

비판은 한 인간의 소중한 자존심에 상처를 입히고 원한을 불러일으킨다. 남을 비판하기 전에 그를 이해하려고 노력하라. 그것은 관용과 우애를 길러주는 가장 좋은 방법이다.

제3절

시간을 효율적으로
관리하라

1. 시간이 왜 소중한가

시간을 소중하게 여겨야 하는 이유

인생의 성패는 자기에게 주어진 시간을 얼마나 효율적으로 활용하느냐 못하느냐에 의해서 좌우된다.

시간을 가장 효율적으로 활용하여 크게 성공한 미국의 정치가요 과학자인 벤저민 프랭클린은 다음과 같은 시간에 관한 명언을 남겼다.

'만일 네가 네 인생을 사랑한다면 네 시간을 사랑하라. 왜냐하면 인생은 시간으로 구성되어 있기 때문이다.'

그렇다. 생명은 곧 시간이다. 시간을 낭비하는 것은 생명을 낭비하는 것이다. 시간을 아껴쓰는 것은 생명을 아껴쓰는 것이다. 인생을 사랑하는 사람이라면 모름지기 시간을 아껴야 한다. 시간은 곧 생명이기 때문이다.

러시아의 문호 톨스토이는 '이 세상에서 가장 중요한 시간은 현재라는 시간이다' 라고 갈파했다. 어떻게 보면 인생이란 실제로는 오늘 하루에 요약된다고 볼 수 있다. 어제는 이미 가버린 시간이요, 내일은 아직 오지 아니한 시간이다. 내 앞에 현존하는 것은 오직 오늘이라는 이 시간 뿐이다. 내가 소유하고 있는 시간, 내가 활용할 수 있는 시간은 오직 현재 뿐이다.

'오늘' 이라는 이 시간은 두번 다시 돌아오지 않는다. 우리가 지금이라고 말할 수 있는 순간은 단 한번 뿐이다. 그 순간을 놓치면 우리는 다시금 그 시간을 돌이킬 수 없다. 우리가 '지금' 이라고 말하는 순간 지금은 곧 사라져버린다.

그러므로 한 순간이라도 소홀히 보내서는 안 된다. 특히 청소년들은 젊기 때문에 자칫 시간의 소중함을 잊기 쉽다. 아직 살아야 할 시간이 주체할 수 없을 만큼 많이 남아 있는데, 그까짓 조금 헤프게 쓴다 해서 표가 나겠느냐고 안이하게 생각할지 모른다.

우리가 시간을 소중하게 여겨야 하는 까닭은 그 얼회성(一回性)에 있다. '지금' 이라는 이 시간을 놓치면 다시는 그 시간을 활용할 수 없기 때문이다.

'시간은 황금' 이라고 옛사람들은 말했다. 그러나 시간은 황금 이상의 것이다. 시간은 돈으로 살 수 없다. 천만금을 주어도 단 일초의 시간도 살 수 없다. 이처럼 소중한 시간은 나이가 들어서야 비로소 그 가치와 소중함을 절실히 느끼게 된다. 젊었을 때에는 시간이 귀하다는 것을 들으면서도 실감이 나지 않는다.

세월은 사람을 기다려 주지 않는다. 세월은 쏜살같이 날아가 버린다. 그래서 중국의 사상가 주자(朱子)는 다음과 같은 시를 읊으며 젊은이들이 시간을 허비하지 말고 학업에 전념하라고 말하고 있다.

소년들이여, 늙기는 쉽고 학업을 이루기는 어려우니
짧은 시간이라도 아껴쓰고 헛되이 보내지 말라.
少年易老 學難成, 一寸光陰 不可輕.

인생을 낭비한 죄

오래 전에 '빠삐용'이라는 영화가 상영된 적이 있었다. 이것은 실존인물의 체험을 토대로 꾸민 영화로, 살인누명을 쓰고 지옥과도 같은 프랑스령 기니의 형무소에 갇혔던 앙리 샬리에르라는 사내가 목숨을 걸고 탈출해 나오는 과정을 영화화한 것이다.

이 영화에 빠삐용이 감옥 안에서 꿈을 꾸는 장면이 나오는데, 지옥의 심판관들이 생전의 죄를 심판하는 자리로, 그것을 우리식으로 표현한다면 염라대왕 앞에 가서 재판을 받는 그런 장면이다.

빠삐용은 심판관에게 자기는 사람을 죽인 일도 없으며 사나이답게 떳떳하게 살았노라고 거세게 항변을 한다. 그러나 심판관의 말 한마디가 무겁게 떨어진다.

'법은 어기지 않았지만 너에게는 인생을 낭비한 죄가 있다. 그러므로 너는 유죄다'

빠삐용이 '인생을 낭비한 죄? 인생을 낭비한 죄?' 라는 말을 거듭 중얼거리며 사라지는 장면이 매우 인상적이었다. 이 영화를 보았던 많은 사람들이 두고두고 그 장면을 이야기한다. '인생을 낭비한 죄' 라는 말이 모두의 가슴속에 강하게 각인되어 잊을 수가 없었던 모양이다.

우리는 이 말의 뜻을 깊이 새겨보아야 하겠다. 빠삐용은 자유를 잃고 나서야 비로소 인생의 소중함을 깨달은 것이다. '인생을 낭비한 죄인' 이 되지 않기 위해서는 오늘 우리에게 주어진 하루하루를 충실하게 가꾸어야 한다. 그것이 시간을 낭비하지 않고 인생을 값있게 살아가는 길이다.

금쪽 같은 마지막 5분

시간의 중요성을 누구보다도 뼈저리게 느끼고 자기에게 주어진 남은 여생을 잘 활용한 본보기 인생이 있다면, 그 사람은 바로 러시아의 소설가 도스토예프스키가 아닌가 싶다.

도스토예프스키는 28세 때 내란음모사건에 연루되어 사형선고를 받고 몹시 추운 겨울날 사형집행현장에 끌려가 기둥에 묶여졌다. 사형집행 예정시간을 생각하면서 시계를 보니 자신이 이 땅

위에서 살 수 있는 시간이 5분밖에 남아있지 않았다. 28년간을 살아왔지만, 이렇게 단 5분이 천금같이 생각되어지기는 처음이었다.

그는 마지막 남은 5분을 어떻게 쓸까 생각해보았다. 형장으로 끌려온 동료들에게 마지막 인사를 하는 데 2분이 걸리고, 오늘까지 살아온 생활과 생각을 정리하는 데 2분을 쓰고, 남은 1분은 오늘까지 발을 붙이고 살던 땅과 눈으로 볼 수 있는 자연을 마지막으로 한번 둘러보는 데 쓰기로 했다.

그리고 눈물을 삼키면서 동료들에게 마지막 인사를 나누는데 2분이 지나갔다. 이제 자기 자신의 삶을 돌이켜보려는 순간 3분 후에 닥쳐올 죽음을 생각하니 갑자기 눈앞이 캄캄해지고 아찔해졌다. 28년이란 시간을 아껴쓰지 못한 것이 참으로 후회가 되었다.

한번만 더 살 수 있다면 순간순간을 값있게 쓰련만, 그는 깊은 뉘우침에 사로잡혔다. 그러자 탄환을 장전하는 소리가 들렸다. 그는 죽음의 공포에 떨었다.

바로 그때 기적이 일어났다. 갑자기 사형집행장 안이 떠들썩하더니 한 병사가 흰 수건을 흔들면서 달려오고 있었다. 황제의 특사령을 가지고 왔던 것이다.

그는 징역형으로 감형되어 시베리아 유형생활을 하면서 인생의 문제에 대해 깊은 생각을 하게 되었다. 그러면서 그는 사형순간에 느꼈던 시간의 소중함을 평생 잊지 않고 시간을 금쪽같이 소중하게 아끼면서 살았다.

그는 가난한 생활을 하면서 인생에 대한 깊은 통찰을 하였고, 《죄와 벌》,《카라마조프의 형제들》과 같은 불후의 명작을 남겼다.

우리는 시간의 중요성을 새롭게 인식해야 한다. 도스토예프스키의 마지막 5분처럼 시간의 소중함을 절실히 느끼고, 우리에게 주어진 시간을 생산적으로 잘 활용해서 뜻을 성취하고 보람있는 인생을 살 수 있도록 노력해야 한다.

2. 어떻게 시간을 생산적으로 활용할 수 있을까

10분의 승부

미국의 제20대 대통령 제임스 가필드가 대학생일 때의 일이다. 그는 어릴 때부터 수재란 소리를 들었다. 그가 다니던 윌리엄대학에서는 수재로 평판이 난 사람이었지만 수학에 있어서만은 자기보다 뛰어난 동급생 친구가 있었다.

지기를 싫어하는 가필드는 '이번만은 내가 이긴다' 고 모질게 마음먹고 공부해도 수학에 있어서만은 번번히 2등에 그치고 마는 것이었다. 왜 그럴까? 가필드는 한 때 자기보다 그 친구가 머리가 우수한 것은 아닐까 하는 생각도 해보았지만 누구에게도 지기 싫어하는 그는 그것만은 인정하지 않았다.

그러던 어느 날 공부를 마치고 잠자리에 들던 가필드는 그때까지도 라이벌인 친구의 기숙사에 불이 켜져 있는 것을 발견했다.

'도대체 언제까지 공부하려는 거지?' 하며 불이 꺼질 때까지 지켜보고 있자니 10분 정도 후에 소등이 되었다. 며칠을 두고 봐도 역시 그랬다.

'그래 바로 이거야! 이 10분! 이 10분의 시간이 승부를 결정지은 것이구나"

다음날부터 가필드는 10분 늦게 잠자리에 들기로 했다. 그리고 그 시간 동안 수학문제를 더 풀었다. 가필드는 마침내 그 친구를 제치고 1등을 차지하게 된 것이다.

훗날 대통령이 된 가필드는 그때의 경험을 이야기하면서 불과 10분의 시간을 이용해서 그 친구를 이겨냈던 경험으로 더 많이 일함으로써 어떤 싸움이나 승부에서도 자신감을 갖게 만들었다고 이야기했다.

10분이란 시간은 아주 짧은 시간이다. 찰나에 불과한 시간이다. 하지만 그 짧은 단 몇 분을 아끼고 효과적으로 활용하려는 그 정신, 이것이야말로 성공으로 이끈 비결이다.

시간의 생산적 활동

로마의 철학자 세네카는 시간의 활용에 대해 이렇게 충고하고 있다.

'인생은 충분히 길다. 보람차게 보낼 수만 있다면 우리의 인생은 위대한 일을 완성하는 데 부족하지 않을 만큼 길다. 그러나 방탕과 나태 속에 낭비해 버리거나 착한 일을 위해서 살지 않으면, 어느 순간에 인생이 덧없이 지나가버렸다는 것을 깨닫게 된다.

우리의 인생이 짧은 것이 아니라, 우리가 그것을 짧게 만들고 있으며, 또 우리가 그것을 낭비하고 있는 것이다. 막대한 재산을 엉터리 관리자에게 맡기고 있으면 순식간에 탕진해버리지만, 얼마 안 되는 재산이라도 제대로 된 관리자가 가지고 있으면 오래 지탱할 수 있고, 그의 수단에 따라 불어나기도 한다. 우리 인생은 그와 같은 것이다.'

이 충고의 말에 무엇인가 깨닫는 바가 있어야 한다.

우리 자신의 생활을 잘 살펴보면, 비합리적인 사고와 비능률적인 행동으로 인해 귀중한 시간을 낭비하고 있다는 것을 깨닫게 된다. 이 같은 시간의 낭비요소를 제거하려면 하루하루 주어진 시간을 최대한으로 활용하는 것으로부터 시작되어야 한다.

하루를 일찍 시작할 것. 불필요한 일이나 행동을 하지 말 것. 계획을 세워 알차게 일할 것. 시작한 일은 내일로 미루지 말고 끝장을 볼 것 등 효율적인 활용방안을 실천에 옮겨야 한다.

젊었을 때 시간을 저축할 줄 알아야 한다. 젊은 시절에 열심히 투자하면 늙어서는 엄청난 시간의 이자를 보상받을 수 있을 것이다. 그러나 젊은 시절에 시간을 탕진해버리면 늙어서는 자기가 탕진한 시간 때문에 반드시 후회하게 될 것이다.

3. 어떻게 시간을 효과적으로 관리할 수 있을까

인생의 성패를 좌우하는 시간관리

시간이 귀중하다고 말하는 사람은 많아도 진정으로 시간의 가치와 사용방법을 아는 사람은 드물다. 사람의 모든 활동은 각자에게 주어진 시간이란 무대 위에서만 펼쳐질 수 있는 것이다. 이 주어진 시간을 어떻게 잘 관리하느냐에 따라 인생의 성패가 결정된다.

사실 우리들의 생활을 잘 살펴보면 비합리적인 사고와 비능률적인 행동으로 인하여 귀중한 시간을 많이 낭비하는 것을 깨닫게된다. 따라서 시간을 효과적으로 관리할 수만 있다면, 일의 능률을 높일 수 있고 또 삶의 질을 향상시킬 수 있을 뿐만 아니라, 우리들의 삶 속에서 기적 같은 성과를 이루어나갈 수 있을 것이다.

벤저민 프랭클린은 주어진 하루에 충실하라고 경고하고 있다.

'같이 출발했는데 세월이 지난 뒤에 보면, 어떤 사람은 뛰어나고 어떤 사람은 낙오되어 있다. 이 두 사람의 거리는 쉽게 좁힐 수 없을 정도로 벌어졌다. 이것은 하루하루 주어진 자신의 시간을 잘 활용했느냐, 활용하지 않고 허송했느냐에 달린 것이다.'

우리는 주어진 하루를 충실하게 가꾸어야 한다. 오늘 우리에게 주어진 이 하루를 땀 흘리고 애쓰지 않으면 내일 열매를 거두기 어렵다. 주어진 하루에 충실하지 않는다면 내일 병든 열매를 거두어야 할 것이다. 우리는 시간을 생산적으로 창조적으로 잘 관리해서 뜻을 이루고 보람있는 생애를 살 수 있도록 노력해야 한다. 그것이 꿈을 이루는 길이요, 보람된 인생을 창조하는 길이다.

시간의 효과적인 관리방법

젊었을 때부터 시간을 철저하게 관리하고 활용하는 방법을 배워서 실천하게 된다면, 이것은 곧 성공으로 가는 지름길이 될 것이다. 그럼 어떻게 하면 시간을 효과적으로 관리할 수 있을까?

첫째, 하루를 일찍 시작한다.

아침은 하루의 출발선이다. 일찍 일어난 만큼 더 많은 시간을 활용할 수 있고 또 부지런한 생활습관을 기를 수 있다.

바쁜 생활 속에서 자기가 자유롭게 쓸 수 있는 시간을 확보하기란 쉬운 일이 아니지만, 일찍 일어날 수만 있다면 그만큼 자기 시간을 확보할 수 있는 여유가 생겨 유용하게 쓸 수 있다.

일찍 일어남으로써 확보한 자유시간을 자기가 하고 싶은 일에 활용하면 삶의 질을 높일 수 있을 뿐만 아니라 시간을 최대한으로 활용하는 방법이 될 것이다.

둘째, 계획을 세워 실천한다.

우리는 깊은 생각 없이 무턱대고 살아가기 쉽다. 계획이란 준비 작업이다. 계획은 일에 앞서 해야 할 일을 미리 결정하는 것이다. 즉 무엇을, 왜, 어디서, 언제, 어떻게 달성해야 하는가를 미리 결정하는 것이다.

계획은 모든 시간관리에 있어서 가장 기본이 되는 것이다. 좋은 계획은 수많은 시간을 절약하고 일의 능률을 높여준다. 일하기 전 30분만이라도 미리 생각하고 계획할 시간을 가지면 잘못된 방향으로 가는 수시간 혹은 몇 날의 시간을 아낄 수 있다.

일반적으로 계획하는 시간이 많으면 착오없이 달성될 수 있으므로, 결국은 시간을 단축해주는 효과가 있다.

셋째, 최적의 능률시간대를 찾아낸다.

일의 능률이 가장 높은 시간대는 곧 공부나 일이 가장 잘 되는 최상의 시간대라고 할 수 있다. 물론 개인에 따라 학습이나 일의 효과가 가장 높은 시간대는 다를 수 있다. 새벽에 공부가 잘 되는 사람이 있고, 늦은 밤에 공부가 더 잘 되는 사람이 있다. 중요한 것은 자신에게 맞는 최상의 시간대를 찾아내서 공부하도록 하는 것이다. 이것은 공부하는 데 국한된 것이 아니라, 모든 일에도 능률적인 최상의 시간대를 찾아내 일의 성과를 올려야 하는 것이다.

그런데 최상의 시간대에 관계없이 누구에게나 아침 일찍 일어나는 습관은 매우 중요하다. 이른 새벽은 주위가 조용하고 맑은 정신으로 공부에 집중하기가 좋다. 밤늦은 시간은 아무래도 몸이 피곤한 때이므로 효율성도 그만큼 떨어지는 것이 사실이다. 아침에는 뇌의 활동이 활발할 때이므로, 그만큼 집중력을 높일 수가 있어서 아침이 최적의 능률을 높일 수 있는 시간대로 여겨진다.

우리는 최상의 시간대가 어떤 때인가를 잘 살펴서 이 시간대를 잘 활용함으로써 효과적인 시간관리가 되도록 힘써야 할 것이다.

넷째, 자투리 시간을 잘 활용한다.

'자투리'란 팔고 남은 피륙의 조각을 일컫는 말인데, 시간관리에 있어서 매우 유용하게 활용할 수 있는 여유시간이다.

버스나 전철을 타고 가는 시간이나, 수업시간 사이에 주어지는 10분간의 휴식시간과 같이 아무 일도 계획되지 않은 시간이 바로 자투리 시간이다.

우리가 하루의 생활을 조용히 되돌아보면, 뜻밖에 자투리 시간이 많다는 것을 느낄 수 있다. 이 자투리 시간을 유익하게 활용할 수만 있다면 아주 유용한 가치를 창출할 수 있다.

5분 내지 15분 정도의 자투리 시간을 휴식시간으로 간주하고 멍하니 지낼 수도 있겠지만, 그러기엔 너무나 아까운 시간의 낭비다. 그 시간을 생산적으로 활용할 수 있는 방법을 찾아내 활용한다면 매우 유익한 결과를 얻을 수 있을 것이다.

어떤 사람이 한 순간 지나가는 자투리 시간을 체크해 보았는데 하루 140분이라는 적지 않은 시간이 발생했다고 한다. 이 시간을 적절히 활용한다면, 자투리 시간도 유익한 시간으로 활용될 수 있다.

제4절

독서를 생활화하라

1. 유능한 사람은 부단히 배우는 사람이다

아는 것이 힘, 배워야 산다

인생에서 가장 중요한 것은 부단히 배우고자 하는 마음을 가지고 살아가는 것이다. 현대사회에서는 공부하지 않고는 살아가기가 힘들다. 하루가 다르게 발전하고 변화하는 고도정보사회에서 남보다 앞서 나가려면 끊임없는 배움을 통해서 자기 자신을 발전시키지 않으면 안 된다. 그래서 성공한 사람들은 배우려는 태도를 생활 속에서 습관화한다.

독일의 시인이며 작가인 괴테는 '가장 유능한 사람은 부단히 배우는 사람'이라고 갈파했다. 부단히 배우는 자가 발전하고, 무엇이나 배우려고 힘쓰는 자가 유능한 인물이 되고 대성하게 되는 것이다.

현대사회는 지식폭발의 시대이다. 새로운 지식, 새로운 기술이

쉴 새 없이 출현한다. 사회진보의 속도가 빠르기 때문에 지금 유용한 지식도 몇 년 후에는 낡은 지식이 되고 쓸모없는 이론이 되고 만다.

그러므로 우리는 지식의 신진대사를 부지런히 해야 한다. 21세기의 경쟁시대에 살아 남으려면 배워야 한다. 지식으로 무장한 사람만이 싸워서 이길 수 있다.

그러기 위해서는 부단히 배우고자 하는 겸손한 마음을 가지고 죽는 날까지 배워야 한다. 평생교육을 역설하는 이유가 바로 여기에 있다.

배운다는 것은 희망을 갖는 것이요, 무엇인가 이루어보려는 의지를 갖는 것이요, 미래를 향해 도전하는 것이다. 그것이 또한 바람직한 삶의 질이다. 우리는 배워야 산다는 정신을 가지고 매일 새로운 것을 배워야 한다. 이것이 자기계발의 출발점이요 자아완성의 종착점이다.

누구에게나 배울 것이 있다

러시아 출신의 첼로 연주자인 피아티고르스키가 데뷔할 때, 연주를 하고 있는 그 앞에 위대한 첼리스트 카잘스가 앉아 있었다. 피아티고르스키는 당황한 나머지 자기 스스로 생각해도 무엇이 무엇인지 모르는 연주를 계속 하고 있었다.

연주가 끝나자 어떻게 된 일인지 카잘스가 열렬한 박수를 보내주는 것이 아닌가. 피아티고르스키는 그때 왜 카잘스가 박수를 보냈는지 알 수가 없었다.

훗날 그도 일류 첼리스트가 되어 카잘스와 대면하게 되었을 때 슬쩍 그때의 상황을 물어보았다.

"제가 막 데뷔했을 때 선생님 앞이라서 그만 당황해서 대단한 실수를 범하고 말았습니다. 그런데도 선생님께서는 열렬한 박수를 보내주셨는데 어떻게 된 일입니까?"

그러자 카잘스는 자기의 첼로를 가지고 와서 그때의 곡을 정확히 켜면서 대답하는 것이었다.

"이 세 번째 음은 내가 오랫동안 찾고 있던 음입니다. 그것을 당신은 아주 훌륭하게 연주했습니다. 그래서 당신에게서 음 하나를 배운 것입니다. 백 개의 음 가운데서 설령 아흔아홉 개의 음이 좋지 않다고 하더라도 하나의 음을 가르쳐주는 사람이 있다면, 그 사람은 나의 스승입니다. 나는 나의 스승에 대해 언제나 최대의 박수를 보내는 것이 예의라고 생각합니다."

이 말을 들은 피아티고르스키는 크게 감동하여 일생 동안 이 말을 그의 인생훈으로 삼았다고 한다. 카잘스의 무서운 학습열, 누구에게라도 배운다고 하는 겸허한 자세는 우리 모두가 본받아야 할 것이다.

만물교아(萬物敎我)란 말이 있다. 이 세상의 모든 만물이 나를 가르친다는 뜻이다. 배울 생각만 있으면 천하의 만물이 다 나의 스승이 될 수 있다.

배움이란 것은 반드시 스승에게서 배운다거나, 책을 읽고 학문을 한다는 것만을 의미하는 것은 아니다. 스승에게서 배우지 않더라도 우리는 책에서 배우고, 경험에서 배우고, 생활에서도 배운다.

'현명한 사람이란 어떤 사람인가. 모든 것에서 배우는 사람이다.'

유태인의 경전에 나오는 명언이다. 현명한 사람은 모든 사람한테서 또 모든 일에서 늘 배우려고 애쓰는 사람이다. 배우고자 하는 마음을 가지면, 만물이 다 나의 스승이요, 선생이다. 박식한 사람이 반드시 현인이 아니다. 늘 모든 것에서 배우고자 애쓰는 겸허한 정신의 소유자가 슬기로운 현인이다.

미국의 철학자 에머슨은 '내가 만나는 모든 사람들은 반드시 어떤 점에서 나보다 나은 데가 있다. 그 점에서 나는 그 사람한테서 배울 것이 있다'고 말했다. 이 세상의 모든 사람에게는 반드시 한두 가지의 지혜와 재주가 있다. 그렇기 때문에 누구에게나 배울 것이 있는 것이다.

평생교육의 실천가였던 공자는 '세 사람이 함께 가면 그 중에는 틀림없이 나의 좋은 스승이 있다'고 말했다. 그러면서 '훌륭한 사람을 보면 그를 따르고, 좋지 않은 사람을 보면 자신이 그 좋지 않은 점을 고친다'고 했다. 뛰어난 사람에게서는 적극적으로 좋은 점을 배우고, 뒤진 사람의 잘못을 보면 반성의 거울로 삼으라는 말이다.

이 얼마나 겸허한 마음의 자세인가. 이런 태도로 배우고 이런 마음가짐으로 살았기 때문에 그는 온 인류가 우러러 보는 위대한 스승이 된 것이다. 겸허한 마음으로 언제 어디서나 누구한테나 항상 배우려고 노력하는 사람이 큰 인물로 만들어지는 것이다.

2. 책은 사람을 만든다

책을 읽어야 할 이유

인간은 책을 만들고 책은 인간을 만든다. 프랑스의 저명한 작가인 앙드레 지드는 '인간이 자기의 정신에서 만들어낸 것 중에서 최대의 것은 책이다' 라고 말했지만, 책처럼 위대하고 값있는 것은 없다.

한 권의 책이 한 인간의 운명을 바꾸게도 하고, 사회개혁의 원동력이 되기도 하며, 인류 역사의 방향을 바꾸게 하는 수도 있다. 책 속에는 영원불멸의 빛이 있고 무한한 힘이 있기 때문이다.

우리는 책을 읽고 그것을 지식의 원천으로 삼을 뿐만 아니라, 그 샘으로부터 평생에 걸쳐서 삶에 필요한 지식과 지혜를 퍼올리지 않으면 안 된다.

독서는 정신적으로 우리의 눈을 뜨게 하고, 우리의 심령에 감동을 느끼게 하며, 우리의 인격을 풍성하게 만들어준다. 이렇듯 독서는 우리에게 즐거움을 주고, 교훈을 주며, 살아가는 데 필요한 지식을 넓혀준다.

더욱이 학생들에게는 공부하는 데 필요한 기초기능이 되기 때문에 어릴 때부터 책을 읽는 습관을 키워야 한다.

독서교육이 중요한 이유는 책을 읽는 동안에 독서에 필요한 집중력, 어휘력, 추리력, 상상력, 판단력, 비판력, 사고력 등이 길러지기 때문인데, 독서능력이 풍부한 학생은 학과공부도 쉽고 빠르게 이해할 수 있어서 공부하는 데 크게 도움을 받게 된다.

또 책 속에는 인류가 걸어온 역사가 있고, 모든 시대에 쌓여진 지식이 있다. 그리고 삶에 필요한 진리와 지혜가 담겨 있다.

우리는 독서를 통해서 동서고금의 위대한 성현들과 만날 수 있고, 또 그들을 통해 진리의 빛을 볼 수 있고 지혜를 배울 수 있고 교훈의 말씀을 들을 수 있다. 책을 읽어야 할 대전제가 여기에 있고, 독서를 권장하는 이유 또한 여기에 있는 것이다.

독서의 이점(利點)

독서의 중요한 목적은 책으로부터 인생의 지혜를 배운다는 데에 있다. 그럼 책을 읽으면 어떤 이점이 있는지 살펴보기로 하자.

첫째, 독서를 통해 위대한 성현들과 만날 수 있다.

철학자 데카르트는 '고전을 읽는다는 것은 과거의 가장 위대한 인물과 대화를 나누는 것과 같다'고 말했다. 지금의 우리는 옛날의 위대한 인물과 만날 수는 없다. 그들은 이미 사라진 과거의 별이요, 저세상 사람들이다. 그들과 만날 수 있는 길은 오직 독서 뿐이다.

《성경》을 읽으면 예수 그리스도를 만날 수 있고, 《목민심서》를 읽으면 정약용을 만날 수 있고, 《죄와 벌》을 읽으면 도스토예프스키를 만날 수 있으며, 《햄릿》을 읽으면 셰익스피어를 만날 수 있다.

거기서 우리는 동서고금의 위대한 인물과 정신적인 만남을 통해서 진리의 빛을 볼 수 있고, 지혜를 배울 수 있으며, 교훈의 말씀을 들을 수 있다. 고전과 양서를 읽으면 수천 년 전의 위대한 성현들과 대화를 할 수 있고 많은 지혜를 얻을 수 있다.

둘째, 독서를 통해서 간접경험을 할 수 있다.

많은 사람이 실제의 경험을 통하여 산지식을 얻기를 원하지만, 짧은 인생에 모든 것을 경험한다는 것은 불가능하다. 그래서 우리는 다른 사람들에 의해 축적된 경험을 자기의 것으로 만들기 위해서는 독서에 의존하는 길 외에 별다른 방법이 없는 것이다.

자기가 지금까지 경험하지 못했던 수많은 알찬 경험을 책을 통해서 간접적으로 체험하고, 훌륭한 성현들의 심오한 뜻을 그 속에서 배우고 다시금 생각하게 하여 자기의 알찬 경험으로 삼으려고 하는 것이다.

셋째, 독서를 통해서 정신적 신장을 도모할 수 있다.

독서는 정신적 양식이다. 인체의 성숙이 물질적 영양에서 나오는 것처럼 정신적인 성숙은 독서에서 나온다. 정신의 성숙은 사람다운 사람이 되는 것이며 교양있는 사람이 되는 것이다.

독서는 정신적으로 우리의 눈을 뜨게 하고 우리의 인격을 풍성하게 만들어준다. 독서를 통하여 우리는 삶의 지혜를 터득하고 인생의 본질을 깨닫고 인생의 참다운 도리를 깨닫게 함으로써, 정신적으로 성장하도록 도와주고 있는 것이다.

이 같은 자아완성을 위한 독서는 사실 독서의 최대의 효용이 여기에 있다고 해도 지나친 말이 아니다.

정신적 신장을 도모하기 위해서 무엇보다 중요한 것은, 책을 읽되 읽는 것으로 그치지 말고, 읽은 것을 연구하고 실생활에 활용해야만 한다. 책에서 얻은 지식은 되새김질해야 하며 실생활에서 이용되어야만 참된 지식이 되고, 또 자기의 정신적 성장을 꾀할 수 있는 것이다.

넷째, 독서를 통하여 사회에 빨리 적응할 수 있다.

현대사회는 빨리 변화하는데 소화해야 할 정보의 양은 너무나 많다. 이것을 그냥 넘기고 지나가면 그 만큼 경쟁에서 뒤지게 마련이다.

다시 말하면, 과거에는 취미의 일환으로 책을 읽는 사람도 있었지만 급변하는 현대사회에서는 취미이기 전에 하나의 생활수단으로서 독서해야 할 필요가 생긴 것이다. 그래야 생존경쟁에서 뒤떨어지지 않고 살아남을 수 있기 때문이다.

효과적인 독서 방법

독서를 하는 데는 유의해야 할 세 가지 문제가 있다. 하나는 언제 읽어야 하는가 하는 독서의 시기의 문제요, 둘은 어떤 책을 읽어야 하느냐 하는 독서의 종류의 문제요, 셋은 어떻게 읽어야 하느냐 하는 독서의 방법의 문제이다.

첫째, 책은 언제 가장 많이 읽어야 하는가?

요즘처럼 평생교육을 강조하고 있는 시대에는 평생을 두고 책을 읽어야 할 정도로 독서의 필요성이 절실하기는 하지만, 그 중에서도 책을 많이 읽어야 할 시기는 아무래도 10대이다.

이때가 가장 감수성이 강하고 흡수력이 왕성할 때라 이 시기에 많은 책을 읽어야 하고 또 이때 읽은 책이 인생의 방향과 성격형성에 큰 영향을 끼치게 되기 때문이다.

그런데 무슨 일이나 다 때가 있는 법인데, 우리네 10대에 해당하는 초중고 학생들이 입시에 매달려 필요한 책을 거의 읽지 못하고 있는 현실은 매우 안타까운 일이다.

그렇다고 책을 안 읽을 수는 없다. 스스로 독서할 수 있는 시간을 마련하고 매일 독서하도록 노력해야 한다. 꼭 읽어야 할 책을 미리 잘 선정해서 정독하는 것도 효과적인 방법의 하나가 될 것이다.

둘째, 어떤 책을 읽어야 하는가?

책은 가려서 읽어야 한다. 아무 책이나 읽는다고 모두 마음의 양식이 되는 것이 아니다. 사람에도 선인이 있고 악인이 있듯이, 책에도 양서가 있고 악서가 있다. 하지만 양서와 악서를 구별하기는 어렵다.

영국의 정치가요 소설가인 벤자민 디즈레일리는 '현존하는 서적의 90%는 쓸모없는 것들이다'라고 악서를 경계했지만, 시중에는 악서가 압도적으로 많기 때문에 그 속에서 양서를 정확하게 찾아내는 것은 매우 어려운 문제이다.

그러면 양서란 어떤 책인가? 한마디로 저자가 심혈을 기울여서 쓴 책이다. 그리고 저자의 혼이 배어있는 책이다.

어떤 학자는 양서란 정신적 성장을 도와주는 책이어야 하고, 심금을 울리는 감동을 주는 책이어야 하며, 두고두고 다시 보고 싶은 책이라야 한다고 지적했다.

그럼 꼭 읽어야 할 책은 어떤 책일까? 일반적으로 저명한 학자들이 권장하는 책은 고전과 명저 같은 양서지만 좀더 구체적으로 적어보면 다음과 같다.

- 정신자세를 계발할 수 있는 고전이나 교양서적.
- 역사적 위인들의 업적이나 생활태도를 본받을 만한 전기(傳記).
- 시대상황이나 인물의 행동과 심리를 이해할 수 있는 명작소설.
- 각자가 종사하고 있는 전문분야에 대한 전공서적.
- 현대사회에서 빨리 정보습득과 시야를 넓힐 수 있는 신문과 잡지 등.

셋째, 어떻게 책을 읽을 것인가?

미국의 작가 존 토드는 책을 읽는 방법에 대하여 다음과 같이 조언하고 있다.

① 먼저 저자와 출판사를 살피고, 서문을 읽어본 후, 목차를 훑어본다. 읽고 싶은 주제가 목차에 있으면, 그것을 우선 시험삼아 읽어보고, 그 결과가 매우 훌륭하고 가치가 있다면 처음부터 읽어나갈 것이고, 그렇지 않고 기대에 미치지 못하면 더이상 읽어볼 가치가 없다.

② 읽어나가는 과정에서 중요하다고 생각되는 부분은 연필로

밑줄을 긋거나, 몇 가지 부호를 만들어 공백부분을 이용하여 적어두면서 읽어나간다. 이렇게 하면 읽는 것과 동시에 생각하고, 판단하고, 식별하고, 선별하게 된다.

자기 나름대로의 사고방식이 요구되고 그것이 뇌리에 새겨지게 되므로 차후 언젠가는 도움이 된다. 읽은 것을 자기의 것으로 만들기 위해서는 무엇보다도 읽으면서 생각하고, 읽고 나서도 생각하는 정독의 습관을 길러야 한다.

③ 자기가 읽고 있는 주제에 대하여 친구와 이야기를 나누는 일도 대단히 중요하다. 자신이 읽은 책의 내용을 다른 사람과 토론함으로써 확실하게 자기의 것으로 만들 수 있는 것이다. 그렇게 하기 위해서는 뜻있는 친구들이 몇 명쯤 모여서 모임을 만들 수 있으면 더욱 좋다.

④ 읽고난 책의 내용에 대해서 돌이켜 생각해보는 일에 상당한 시간을 투자해야만 한다. 독서를 하고 생각하지 않는 것은 식사를 하고 소화를 시키지 못하는 것과 같다. 뛰어난 학자들은 독서하는 데 보내는 시간의 4분의 1은 그런 성찰에 할당해야 한다고 생각하고 있다. 조용히 사색하며 성찰한 것을 독후감으로 적어 남겨 두면 나중에 크게 도움이 될 것이다. 우리는 읽으면서 생각하고 생각하면서 읽어야 한다. 생각하지 않으면서 책을 읽는다는 것은 씹지 않고 음식을 먹는 것과 같다.

⑤ 독서를 하는 동안에 떠오른 중요한 것은 반드시 메모한다.
독서를 하는 동안에는 머리가 비상하게 활발히 움직이기 때문에 새로운 대담한 생각이나 적어둘 만한 가치가 있는 생각이 많이 떠오르게 된다. 또 기억해두어야 할 중요한 내용이 있을 때에는 그 자리에서 바로 메모수첩에 적어두지 않으면 금방 사라져버린다. 그래서 항상 옆에 볼펜과 수첩을 두어야 한다. 그것을 나중에 항목별로 나누어 정리하면 후에 보물처럼 중요한 참고자료가 될 것이다.

예로부터 걸출한 인물은 누구나 주의깊게 독서하는 습관이 있었다. 따라서 이런 습관없이 뛰어난 인물이 되기란 불가능하다. 영국의 철학자 베이컨은 말하기를 '독서는 충실한 인간을 만들고, 대화는 임기응변에 능한 인간을 만들며, 집필은 치밀한 인간을 만든다' 고 하였다.

독서를 하지 않으면서 베이컨이 말하는 '충실한 인간' 이 되어 보겠다고 하는 것은, 좋은 음식물을 섭취하지 않으면서 활력 넘치는 삶을 유지하고 싶다고 바라는 망상과 같은 것이다.

훗날 좋은 지위에 서고 싶다면 열심히 독서하는 습관을 지녀라. 그렇게 된다면 급변하는 현대사회와 보조를 맞출 수 있다. 아니 오히려 남들보다 앞서나갈 수 있을 것이다.

3. 독서를 어떻게 생활화할 것인가

책읽기 싫어하는 사람은 논픽션으로 시작하라

책이라고 하면 말만 들어도 골치부터 아프다는 사람이 있다. 이런 사람을 이끌어줄 방법은 없을까? 아주 절망적으로 싫어하는 사람이라면 억지로 권해봤자 결실을 바랄 수 없겠지만 어느 정도 책을 싫어하는 상태라면 당장은 어렵지만 서서히 고쳐나갈 수 있다.

이런 사람들에게 책을 읽게 하려면 흥미를 느끼기 쉬운 읽을거리인 논픽션으로 시작하는 게 좋다. 일반적으로 여행기나 항해기 같은 기행문은 흥미를 느끼기 쉬운 점에서 좋은 읽을거리가 된다. 다음으로 권할 수 있는 좋은 읽을거리는 성공한 사람들의 전기문인데, 이것은 인격형성에 많은 도움을 준다.

이런 책을 읽게 하여 흥미를 느끼기 시작하면 필연적으로 그에 대한 지식을 얻고자 하는 것이 본성이므로 서서히 책에 관심을 갖게 된다.

이렇게 해서 한 걸음 한 걸음 관심을 넓혀가면 여러 종류의 책을 읽는 것이 즐거움이 되어 삶의 지혜를 터득하게 되는 것이다. 당연한 일이지만 무슨 일이나 즐겁게 시작하면 좋은 열매를 맺을 수 있는 것이다. 독서도 마찬가지다.

독서시간은 만들어내는 시간이다

책을 읽고 싶지만 시간이 없다는 사람들이 많다. 시간이란 있고 없고가 아니라 만들어내는 것이다. 아무리 시간이 남아돌아도 매일 마음을 써서 책을 읽어야겠다는 다짐과 노력이 없이는 독서시간은 생기지 않으며, 또 습관화될 수 없다. 독서시간이란 만들어내는 시간이다.

주어진 시간을 가장 값있게 활용한 사람으로 유명한 미국의 정치가이며 교육자였던 벤자민 프랭클린은 아무리 바빠도 일정시간을 독서하는 데 할애하여 많은 공부를 할 수 있었는데, 그 덕분에 피뢰침을 발명한 과학자가 되기도 하였다. 이처럼 독서할 생각만 있다면 독서시간은 얼마든지 만들어낼 수 있는 것이다.

미국의 심리학자 윌리엄 윌리 박사는 '25분간의 독서법'을 제창했는데, 매일 시간을 정하여 25분씩만 독서에 할애하자는 운동이다.

심리학상의 실험결과에 따르면 사람의 고도의 주의력은 25분 이상 지속될 수 없다고 한다. 따라서 25분이라는 시간은 인간의 정신을 최고도로 집중시킬 수 있는 시간이며, 동시에 아무리 바쁜 사람이라도 하루에 이 정도는 낼 수 있는 시간이다. 이 정도의 시간도 낼 수 없다면 의지가 없다는 것으로 볼 수밖에 없는 것이다.

이 정도의 시간만 독서하는 데 할애한다 해도 연간 단행본으로 50권, 문고판이라면 70권 정도는 읽게 된다고 한다.

이 정도의 책을 3년간만 계속 읽게 된다면, 자기가 하고자 하는 분야에서 전문가가 될 수 있다. 이렇게 독서를 하다 보면 습관화되어 하루 몇 시간이라도 책을 읽게 되는 것이다. 문제는 독서할 의지가 있느냐 없느냐에 달린 것이다.

독서의 필요가 생활화를 쉽게 한다

책을 읽어야 할 필요를 느끼면 독서의 생활화는 쉽게 이루어진다. 가령 자기에게 필요한 정보를 책에서 얻을 수 있다고 생각되면, 그 분야의 책을 읽을 수밖에 없기 때문에, 그 필요에 의해서 계속 읽게 되는 경우이다.

필요성을 느껴서 하는 일이기 때문에, 어려움이 있어도 자기의 뜻을 이루려는 강력한 욕망으로 이를 이겨내고 계속 읽다 보면 자연히 생활화되게 되어 있다.

불치병에 걸려 앞날을 기약할 수 없는 암담한 절망 속에서도 희망을 잃지 않고, 그 지루하고 무료한 병상생활을 오히려 미래의 꿈을 준비하는 시간으로 활용하여, 많은 독서를 통해 꿈을 키울 사업의 밑바탕이 되는 다양한 정보와 지식을 습득함으로써 크게 사업에 성공한 기업인이 있다.

이랜드 그룹의 박성수 회장. 그가 서울대 건축공학과 4학년 때 뜻하지 않은 무서운 병마가 찾아왔다. 졸업이 가까워올 무렵 갑자기 손에 힘이 풀리면서 글씨를 쓸 수가 없었다. 갑자기 닥친 무기력증, 놀란 마음으로 병원에 입원하여 정밀검사를 받았다.

"근육무력증이라는 병입니다. 이 병은 근육이 점점 약화되어 힘을 못쓰다가 심해지면 전신마비가 되지요. 더구나 이 병은 특별한 치료법이 없습니다."

청천벽력 같은 진단이었다. 이제 의욕적으로 첫발을 내딛어야 할 시기에 불치병이라니 장래에 대한 불안감이 그를 괴롭혔다.

그러나 그는 병상에 누워 세월을 허송할 수는 없었다. 그는 신앙심으로 이를 극복하면서 꿈을 키울 사업계획을 세우며 미래를 준비했다.

그는 병상에서의 2년간 무려 3,000권에 가까운 책을 읽었으며, 이를 통해 장차 자기가 할 사업의 밑바탕이 되어 줄 다양한 지식과 정보를 습득할 수 있었다.

그러는 동안 2년 넘게 끌어오던 그의 질병은 어느 한의사의 치료를 받아 기적적으로 회복되었고, 곧 사업에 정진하여 지금 재계 순위 37위라는 큰 발전을 이뤄놓았다.

그가 이렇게 성장할 수 있었던 요인 중의 하나가 바로 독서에 있음을 간과할 수 없다. 이처럼 책을 읽어야 할 목적이 확실해지면 독서의 생활화는 쉽게 이루어질 수 있다.

제3장

재능 계발 전략

제1절

개성과 적성을 살려라

1. 자기의 적성을 찾아라

누구나 한 가지 재능은 가지고 태어난다

사람은 저마다 무엇인가를 할 수 있는 재능을 지니고 태어난다고 한다. 그런데도 많은 사람들이 '나에게는 이렇다 할 뛰어난 점이 없다' 든지, '특별히 잘하는 특기가 없다' 며, 자신의 능력없음을 비관하는 사람들이 적지 않다.

우리 속담에 '굼벵이도 구르는 재주는 있다' 고 아무리 못난 사람이라도 한 가지 재능은 누구나 가지고 있는 것이다. 어떤 능력을 가지고 있는지 당장에 눈에 보이지는 않지만, 반드시 그 사람만의 특별한 능력이 숨겨져 있는 것만은 사실이다.

이 같은 사실은 눈에 보이지 않고, 귀가 들리지 않으며, 말조차도 못하는 세 가지 불구를 한 몸에 지닌 헬렌 켈러의 이야기를 떠올리면 쉽게 알 수가 있다.

어린 시절의 헬렌 켈러를 보면서 그녀에게 어떤 능력이 있으리라고 기대한 사람은 아무도 없었을 것이다. 그러나 설리번 선생의 따뜻한 사랑과 헌신적인 가르침에 힘입어 신체적·정신적 장애를 극복하고, 마침내 저술가로 또 사회복지운동가로 우뚝 선 세계 최초의 맹농아 법학박사가 되는 빛나는 생애를 이룩하였다.

이렇듯 헬렌 켈러 같은 삼중고의 장애인에게도 숨겨진 재능이 있는데, 하물며 장애가 없는 건강한 사람에게 재능이 없을 수 있겠는가? 반드시 각 사람마다 특별한 능력이 숨겨져 있을 것은 틀림없는 사실이다. 그 숨겨진 재능을 찾아내 키워나가는 것이 자기계발의 첫걸음이다.

적성을 어떻게 발견할 수 있을까

적성이란 어떤 특수분야에서 필요로 하는 기능을 쉽게 학습하고, 그 기능을 성공적으로 성취할 수 있는 개인의 특수한 잠재능력이라고 학자들은 정의하고 있다.

이렇게 말하면 적성을 너무 어렵게 생각할지 모르겠다. 달리 말한다면 적성이란 자기가 하고 싶은 일, 그리고 자기가 잘할 수 있는 일이 곧 적성이라고 말할 수 있다.

비록 학교 공부는 잘하지 못하지만, 그림 그리기를 좋아하거나, 노래를 잘 부르거나, 운동에 뛰어나거나, 글짓기를 잘하거나, 손

재주가 있는 등 어느 분야에 특별한 재능이 있기 마련인데, 그 일을 하고 싶고 또 한다면 누구보다도 잘할 자신이 있다면 그것이 바로 자기의 적성이라고 볼 수 있다.

그러므로 평소 어떤 일에 흥미와 관심이 있는지 또 하고 싶어 하는 일이 무엇인지, 그리고 자기가 남보다 잘할 수 있는 일이 무엇인지를 살펴보면 자신의 적성이 무엇인지를 발견할 수 있을 것이다.

그런데 각 개인 스스로가 이러한 적성을 발견하고도 그것을 계발하려는 노력이 없다면, 실제로 그 적성은 무의미하게 될 것이다. 그러므로 발견한 적성을 계발하려는 노력이 뒷받침될 때만이 실제 무엇인가를 성취할 수 있는 능력으로 발전될 수 있다.

또한 적성은 현재의 능력을 의미하기보다는 장래의 성공 가능성을 말해주는 잠재적 능력이기 때문에, 적성의 발견을 위해서는 신중하고도 꾸준한 탐색이 이루어져야 한다.

2. 적성에 맞는 일을 하라

즐겁게 하는 일은 곧 성공의 지름길이다

월드컵 본선에 열 번이나 진출하고도 단 한 번도 이겨 본 적이
없는 한국팀을 맡은 거스 히딩크 감독은 2002년 월드컵에서 4강
신화를 이룩해 세계를 놀라게 하고 한국 국민의 사기를 한껏 드높
인 명감독이다.

이 같은 승리의 주요인은 히딩크 감독의 탁월한 리더십이겠지
만, 정작 히딩크 자신이 오늘날과 같은 세계적인 명감독으로 성장
할 수 있었던 비결은 무엇이었을까?

그는 《마이 웨이》라는 자서전에서 '하고 싶은 일을 했기 때문에
성공할 수 있었다'고 말하고 있다.

그는 아버지의 권유로 일반대학에 진학하기 위해 인문계고등학
교로 갔지만, 축구가 더 좋았던 그는 끝내 기술학교로 옮겨 자

기가 소망했던 스포츠 대학에 입학하여 축구에 올인함으로써 그의 인생을 성공으로 이끌어갈 수 있었다.

컴퓨터 천재로 벤처신화를 이룩한 마이크로소프트사의 빌 게이츠 회장과, 투자의 귀재로 미국에서 가장 영향력 있는 경제인으로 선정된 버크셔 해더웨이사의 워렌 버핏 회장은 이 시대의 가장 유능한 사업가이다. 또한 그들은 약속이나 한 듯 자기 재산의 거의 전부를 사회에 환원하고 있는 세계 최대의 자선가로 존경받는 기업인으로 칭송을 받고 있다.

2004년 이 두 사람이 워싱턴대학의 초청을 받아 대학생들과 특별대담을 가졌는데, 이 자리에서 학생들이 '어떻게 하면 성공할 수 있는가?' 하는 질문을 했다.

빌 게이츠는 '매일 하는 일을 즐길 수 있다는 게 중요하다'며 흥미로운 분야에서 일해야 의욕도 생기고 효율성도 높일 수 있어 성공할 수 있다고 했다.

워렌 버핏은 '무엇보다도 자기가 좋아하는 일을 택하라'면서 그래야 하는 일이 즐겁고 사는 것이 행복해질 수 있다고 했다.

이렇듯 출세인들의 성공비결을 살펴보면 한결같이 즐기면서 할 수 있는 직업을 가져야 성공할 수 있다고 말하고 있다.

우리는 자기의 개성과 적성에 맞는 일과 직업을 선택해야 한다. 자기가 하고 싶은 일을 해야 하는 일이 즐거워지고, 또 신이 나고

재미가 있어 그 일에 열중하게 된다. 그 열정적인 태도가 결국 성공으로 이끌어가게 되는 것이다.

적성에 맞지 않는 일을 한다는 것은 고역이요 실패의 원인이 된다. 그렇기 때문에 적성이나 소질에 맞는 직업을 선택한다는 것은 곧 즐겁게 일하는 길이요, 성공의 지름길이 되는 것이다.

적성에 맞는 직업을 선택하면 일이 즐겁다

미국 최대의 항공기 제작회사인 보잉사의 사장이었던 피엘 존슨이 어릴 때, 그의 아버지는 세탁소를 경영하고 있었다. 아버지는 아들 피엘이 가업을 계승해주기를 바라면서 세탁소 일을 거들게 했다.

그러나 피엘은 세탁업이 질색이었다. 그 일 하기가 죽기보다 싫어서 일부러 태만했고 아버지의 뜻을 따르지 않았다.

그의 아버지는 몹시 실망한 나머지 종업원들 보기조차 부끄러워 못견딜 지경이었다.

어느 날 피엘은 작심하고 아버지에게 자기는 기계공이 되고 싶다고 간청한다.

"무엇이! 작업복을 입고 싶다고? 괘씸한 놈 같으니라고!"

아버지는 몹시 노했지만 피엘은 뜻을 굽히지 않고 자기가 하고 싶은 기계제작공장에 취업하여 일을 시작했다. 그는 기름투성이가 된 작업복을 걸치고 그 일에 몰두했다.

그는 집에서 일할 때와는 전혀 다른 모습이 되어 있었다. 그는 하는 일이 즐거워 휘파람을 불면서 일에 열중했다. 그는 공작기술을 배우기 시작했고, 엔진은 물론 모든 기계를 다룰 수 있는 숙련공이 되었다.

그리하여 1944년, 아버지가 사망할 당시 그는 항공기회사의 사장이 되어 제2차세계대전을 미국의 승리로 이끄는 데 커다란 공헌을 한 이른바 '하늘의 요새(B-17)'를 제작해냈다.

만일 그가 여전히 가업을 이어받아 세탁업을 하고 있었다면 어떻게 되었을까? 아마도 부친의 사망 후 이어받은 가업은 망치고 파산했을지도 모른다. 하기 싫은 일을 해서 성공한 예는 없었으니까.

사람에게는 누구나 저마다 자기만이 갖고 있는 재능이 있다. 이같은 재능을 살려주려면 무엇보다도 적성에 맞는 일을 해야 한다. 사람은 얼굴이 다른 것처럼 가지고 있는 개성이나 재능 또한 다를 수밖에 없으며, 또 각기 다른 그 재능으로 살아가게 마련이다.

피엘 존슨의 사례에서 보아서 알 수 있듯이, 하는 일이 적성에 맞아야 그 일에 열중하게 되고 온갖 정성을 다하게 된다. 그것은 곧 축복이요 보람된 삶이며, 성공에 이르는 지름길이 되는 것이다.

일 자체에서 즐거움과 보람을 찾아야 한다

직업의 선택은 인생의 가장 중요한 문제이다. 인생에서 거의 40년 동안 직업을 갖게 되는데, 자기가 하는 일에서 즐거움을 얻지 못하고 보람을 찾지 못한다면 그처럼 불행하고 비참한 것은 없다.

우리는 자기가 하고 싶은 일을 찾아야 한다. 자기의 개성과 취미와 적성에 맞는 직업을 선택해야 한다. 그래야 하는 일이 즐겁고, 신나고, 재미있고, 싫증이 나지 않는다. 또 열심히 일하게 되고 성과도 오르게 되고 보람도 생긴다.

발명가 에디슨은 연구소 안에서 기거하면서 하루 열여덟 시간 이상이나 일했지만, 그것은 괴로운 일이 아니었다. 그는 말하기를 '나는 일생 동안 하루도 일을 한 적이 없다. 내게는 즐거운 장난이었다'고 했다. 그는 일을 즐긴 것이다. 일을 즐겁게 하면 오랜 시간 일할지라도 오락처럼 생각되는 것이다.

러시아의 소설가이며 극작가인 막심 고리키는 '일이 즐거우면 인생은 낙원이다. 그러나 일이 의무라면 인생은 지옥일 수밖에 없다'고 했다. 그것은 직업의 선택이 얼마나 중요한가를 일깨워준다. 이처럼 중요한 직업선택이 너무나 경솔하고 무책임하게 이루어지거나 어떤 기회에 우연히 선택되는 경우를 많이 보게 된다.

우리 인생의 행복과 불행의 많은 부분이 직업생활과 깊은 관계를 갖는다. 우리는 직업선택을 심각하게 생각하고 신중하게 결정해야 한다. 직업과 적성이 일치하고 직업과 자기의 꿈이 일치한 사람은 더할 나위 없이 행복한 사람이다.

지금 당장 하고 싶은 일로 바꿔라

미국의 저명한 문학가이자 저술가이며 교육가인 데일 카네기 (Dale Carnegie)는 젊은 시절 가장 불행한 청년 중의 한 사람이었다.

그는 뉴욕 서부 56번가의 싸구려 셋방, 그것도 바퀴벌레가 득실거리는 셋방에서의 생활이 참으로 짜증스러웠다. 아침에 넥타이를 매려고 하면 바퀴벌레가 새까맣게 붙어 있었다. 또한 불결하기이를 데 없는 싸구려 식당에서 식사를 해야만 했다.

그는 먹고 살기 위해 트럭을 판매하는 일을 하고 있었으나 자신의 직업을 경멸하고 있었다.

그는 학창시절의 그 영롱한 무지갯빛 꿈이 산산조각으로 부서진 악몽으로 변해버렸기 때문에 스스로 반항하고 있었다.

이것이 인생이란 말인가? 내가 그렇게도 희망에 부풀었던 인생의 꿈이 기껏 이런 것이었던가? 내 자신마저 경멸하는 직업에 매달리고 바퀴벌레와 살며 불결한 음식을 먹으면서도 미래에 대한 아무런 희망도 없이 살아가는 이것이 내 인생의 전부란 말인가?

그는 자기가 경멸하는 생활을 청산해야만 할 때가 왔다고 느꼈다. 자기의 발전을 저해하는 직업과 생활을 버림으로써 자기 인생에 새로운 꿈을 가져야 한다고 결심했다.

이렇듯 많은 젊은이들이 인생의 출발점에서 고민하는 어떤 결단의 시기가 그에게도 있었다. 그리고 그는 경멸하는 직업을 과감하게 버림으로써 새로운 출발을 다짐했다.

그러한 결단으로 인해서 그의 꿈은 기대 이상으로 성취되었고 여생이 행복했다.

그의 일생을 바꿔버린 그 결단이란 무엇인가? 실로 대단한 것도 아니다. 그는 적성에 맞지 않는 직업을 과감하게 버렸던 것이다.

그는 자기가 하고 싶은 일을 함으로써 자기의 숨은 재능을 찾아내 성공할 수 있었다. 그는 수많은 저서를 펴냈다. 처세론, 인생론, 대화술, 인간관계론 등의 이론을 체계화시켰을 뿐만 아니라, 탁월한 강의로 수많은 사람들에게 삶의 지혜와 희망을 불어넣어 주었다. 그의 주옥 같은 저서들은 시대를 초월한 영원한 베스트셀러로 지금도 많은 사람들이 애독하고 있다.

지금 잘못된 진로선택이나 직업의 선택으로 고민하는 사람이 있다면, 지금 당장 하고 싶은 일로 바꿔라. 성공하는 사람은 자신의 자리가 아니라고 생각하면 과감하게 물러선다. 자신이 정말 원하는 일, 자신이 잘하는 일이 무엇인가 정확히 찾아낸 사람들이

한 분야에서 최고의 자리를 차지하는 것이다.

적성에 맞는 일을 찾아라. 그 적성에 맞는 직업이 성공의 길로 이끌 것이다. 그리고 전력투구하라. 그 결단이 새로운 인생을 약속해줄 것이다.

3. 개성과 적성을 키우려면 어떻게 해야 하는가

유태인의 우수두뇌 배출의 비결

유태인의 두뇌가 우수하다는 데 대해 그것이 선천적이라는 증거는 찾아보기 어렵다고 한다. 그러나 그들 중에 우수두뇌가 많다는 사실은 누구도 부인할 수 없을 것이다. 그것은 1896년 노벨상이 설립된 이후 노벨상 수상자 중에 약 3분의 1이 유태인이라는 사실이 증명해주고 있다.

그럼 어떻게 해서 우수두뇌가 배출될 수 있었을까? 그것은 결코 우연한 결과가 아니다. 유태인의 가정교육을 살펴보면 그것이 바로 개성존중교육에 있다는 사실을 알 수 있다.

세계에서 전통적으로 개성교육을 가장 중시하는 민족으로 아마도 유태민족을 첫손으로 꼽을 것이다. 유태인들은 자녀가 공부를 잘하기보다는 자신이 타고난 재능을 잘 발휘하도록 도와주는 데

교육의 중점을 두고 있다.

따라서 자녀들에게 '남보다 뛰어나게 되기보다 남과 다르게 되라' 고 가르친다. 그리고 자녀가 스스로 자신의 취미와 흥미에 따라 원하는 공부, 하고 싶은 일을 하면서 자신만의 개성과 적성에 맞는 것을 찾아내려는 노력을 대견하게 생각한다. 또한 유태인 부모들은 자녀들의 그러한 노력을 뒷받침해주기 위해 어릴 때부터 관심과 주의를 기울이며 오랜 세월을 두고 관찰한다.

자녀들이 어떤 것에 취미와 관심이 있고, 또 어떤 성격과 꿈을 지니고 있는지 관찰함으로써 다른 아이들과 어떻게 다른지를 알아내고 그것을 더욱 계발할 수 있도록 북돋아 준다.

그러므로 유태인 부모들은 결코 '너는 무엇을 해야 한다' 거나 '무엇이 되어야 한다' 고 강요하지 않는다. 따라서 자녀가 공부를 못한다고 야단치거나 기를 죽이는 일은 없다. 그저 자녀들이 스스로 자신의 능력과 적성을 발휘하도록 도와줄 뿐이다.

사람은 얼굴이 서로 다른 것처럼 능력이나 적성, 성격, 태도 등에 있어서 자기 나름의 독특한 개성을 지니고 있는데, 이 개성이 최대한으로 계발되고 신장될 때 한 개인의 가치가 발휘된다는 사실을 유태인들은 깊이 인식하고 있는 것이다.

이와같은 전통적인 유태인의 가정에서의 개성존중교육이 수많은 우수두뇌를 길러내 대성케 한 요인이 되었을 것이다.

우수두뇌는 후천적인 노력으로 길러질 수 있다

지금까지 많은 사람들은 우수두뇌란 타고나야 하는 것이라고 생각해왔다. 그래서 '될성부른 나무는 떡잎부터 알아본다'는 속담까지 나왔지만, 최근에 와서 인간의 두뇌는 유전이나 혈통의 결과가 아니라 인간이 자라나는 과정에 주어지는 환경의 결과, 즉 후천적인 노력에 의해서 계발될 수 있다는 인식이 대부분의 학자들의 일치된 견해라고 말하고 있다.

유태인의 우수두뇌는 결코 유전이나 혈통의 소산이 아니라, 후천적으로 길러진다고 한다면, 왜 우리는 우수두뇌를 배출할 수 없는 것일까 하는 의문이 제기될 수밖에 없다.

우리 민족도 유태민족 못지않게 뛰어난 두뇌를 가지고 있다는 사실이 최근 보도를 통해 실증되고 있다. 근래에 알려진 사실 가운데서도 2003년 오스트리아의 빈의과대학에서 50개국의 국민의 IQ를 비교분석한 결과, 한국이 2위를 차지하고 있다고 발표한 바 있다. 또 OECD(경제협력개발기구)에서 실시한 '학업성취도 국제비교'에서 선진국 40개국 가운데서 한국 고교 1학년생들이 문제해결능력에서 1위를 차지하고 있는 것을 보면 한국 국민의 두뇌가 세계 어느 국민 못지않게 우수하다는 것을 입증하고 있다. 게다가 우리나라 국민의 교육열만큼은 세계 어느 나라 국민도 한국인 부모를 따라갈 수 없을 것이다.

그런데도 불구하고 우리나라는 아직 이렇다할 세계적인 인물을 배출하지 못하고 있는 이유는 무엇일까?

여기에는 여러 가지 복합적인 요인이 있겠지만, 한국에서는 학생들이 창의적으로 자신만의 재능을 계발하도록 도와주지 못하는 교육풍토에 그 원인이 있다고 생각된다.

미국에서 10여 년간을 살면서, 유학온 한국 학생들과 이야기를 나누어보면 한결같이 미국 학생들을 따라가기가 무척 어렵다고 하소연한다. 고등학교까지의 단순학습에서는 미국 학생들에 비해 한국 학생들이 월등하지만, 대학에 들어가면 창의적인 사고를 요구하는 대학공부에서 한국 학생들은 미국 학생들에게 밀릴 수밖에 없는 것이다.

그들은 성장하는 동안 자신만이 가지고 있는 타고난 재능을 발휘할 수 있도록 도와주는 교육적 환경에서 성장했지만, 한국은 그렇지 못했기 때문이다.

자신들의 강점을 계발해야 한다

일찍이 교육학자들은 교육의 목적은 잠자는 재능을 밖으로 끌어내는 것이라고 밝혀왔지만, 우리는 자신이 가지고 태어난 천부의 재능을 깨우치지 못하고 살아온 것이 사실이다.

재능을 깨우쳐야 한다는 중요성은 누구나 공감하지만, 당장 대학에 들어가려면 학교 평균성적이 좋아야 하기 때문에 재능을 깨우치는 일이 뒷전에 밀리고 있는 것이다. 더욱이 학교성적이 좋지 못하면 무조건 머리가 나쁘고 쓸모없는 무능한 학생으로 치부해버리는 잘못된 풍조가 자신만의 재능을 깨우칠 수 없게 만든 것이다.

그럼 이를 극복할 수 있는 방법은 무엇일까?

이를 극복하려면 최근에 발표된, 미국의 하버드대학의 하워드 가드너(Howard Gardner) 교육심리학 교수가 밝혀낸 '다중지능 이론'을 살펴볼 필요가 있다. 그에 의하면 사람들 속에는 다음과 같은 여덟 가지 지능이 존재하는데, 누구나 이 여덟 가지 지능 중 최소한 몇 가지를 가지고 있다고 한다.

① 언어지능 : 언어발달, 추상적 사고, 상징의 사용

② 음악지능 : 소리의 감지와 해석

③ 논리·수학지능 : 과학적 사고, 추상적 상징의 사용, 패턴 인식

④ 영상공간지능 : 영상예술, 건축, 이미지, 영상의 구별

⑤ 신체운동지각지능 : 체육활동, 신체운동, 표현과 춤

⑥ 자기성찰지능 : 내적 상태의 인식, 직감, 반성

⑦ 인간친화지능 : 타인과 협력, 타인에 대한 동정, 타인의 필요에 부응

⑧ 자연친화지능 : 자연과 자신을 연결시키는 능력

그의 연구결과에 따르면 성공한 사람들은 IQ보다 다중지능 가

운데 자신의 강점, 즉 자신만의 독특한 재능을 계발하여 집중적으로 발휘한 사람들이라는 것이다.

예를 들면 모차르트, 베토벤, 정명훈 등은 '음악지능'을 계발발휘하여 성공하였으며, 타이거우즈나 박세리, 박지성 등은 '신체운동지능'이 뛰어나 그 분야에서 두각을 나타내고 있다.

이제 우리들도 자신만의 강점 즉 자신이 원하는 분야에서 자신이 하고 싶은 일에, 그리고 자신이 가장 잘할 수 있는 일을 찾아내이를 적극 계발하고 충분히 발휘할 수 있도록 노력해야 한다.

제2절

강점을 발견하라

1. 뚜렷한 자기 재능을 발견하라

재능은 갈고 닦아야 빛이 난다

사람은 저마다 무엇인가를 할 수 있는 재능을 하늘로부터 부여받고 태어난다. 그런데 왜 선천적으로 부여받은 재능을 살리지 못하고 살아가는 것일까? 그것은 자신이 가지고 태어난 천부의 재능을 깨우치지 못한 채 살아가기 때문이다.

일반적으로 어떠한 개인이 특수한 분야에서 고도의 훈련을 받으면 현저하게 발달될 수 있는 가능성이 있다고 생각되는 경우, 이 자연 그대로의 자질을 재능이라고 한다. 이 자연 그대로의 자질은 계발되지 않으면 무가치한 것이다. 옥도 갈고 닦아서 작품을 만들 때 비로소 가치있는 물건이 되지만, 그대로 내버려두면 돌멩이에 불과한 것과 같은 이치이다.

그러므로 재능을 발견하고 그것을 계발하려는 노력이 뒷받침될 때 비로소 무엇인가를 성취할 수 있는 능력으로 발전할 수 있다.

사회 각 분야에서 성공적인 삶을 살고 있는 사람들은 모두가 자기만의 독특한 재능을 발견하고 그것을 계발한 사람임을 알아야 한다. 그 재능 가운데서도 강점이 될 만한 한 가지 재능을 선택해서 거기에 모든 시간과 노력을 집중하면 반드시 탁월한 성공에 이를 수가 있는 것이다.

한 가지로 승부한다

우리 주변을 살펴보면 사소하고 중요하지도 않은 일에 얽매여 시간을 허비하는 사람이 있는가 하면, 이것저것 해보다가 귀중한 시간을 낭비하는 사람도 허다하다. 이로 인해 정작 필요하고 또 해야 할 중요한 일들이 뒷전에 밀리는 상황이 되풀이되고, 몇 년이 지나 되돌아보면 자기가 꿈꾸어왔던 삶과는 전혀 다른 모습으로 살아가는 자신을 발견하게 된다.

이러한 현상은 내 인생에서 정말 하고 싶은 일이나 꼭 해야 할 중요한 일이 무엇인지도 알지 못한 채 중심을 잡지 못하고 방황하며 살아온 결과이다.

자기계발의 추구하는 목표는 자기가 하고 싶은 일과 그 중에서 잘할 수 있는 한 가지 일을 찾아내 거기에 전력투구하는 것이다.

그런데 사람이란 모든 일을 한꺼번에 잘 해낼 수 있는 능력도 없으려니와 모든 일을 잘할 필요도 없는 것이다.

우리 속담에 '열두 가지 재주 가진 놈이 저녁거리가 없다' 는 말이 있다. 이 말은 여러 가지 재능을 가진 사람이 한 가지 재능을 가진 사람보다 성공하기 힘들다는 뜻이다. 여러 가지 재능이 있는 사람치고 깊이 있는 재주가 없고, 이것저것 하다 보면 어느 것 하나 제대로 하는 것이 없으니 굶어죽기 십상이라는 것이다. 결국 사람은 한 가지 재주로 먹고 살게 되는 것이니 모든 일을 잘할 필요가 없는 것이다.

그래서 한 가지로 승부하라는 것이다. 한 가지만 잘해도 성공적이고 보람있는 인생을 살아갈 수 있다. 한 가지만 잘하는 사람이 그 분야의 전문가가 되어 성공할 확률이 높기 때문이다.

산화질소 연구로 1998년 노벨의학상을 받은 미국의 UCLA의과대학의 루이스 J. 이그나로 교수는 학창시절에 과학을 제외한 다른 과목은 낙제수준이었지만, 한 가지 연구에 몰두한 결과 위대한 업적을 남겼다.

그는 최근 건국대학교에서 전국 중고교생 1,000여 명을 만나 자신의 '노벨상 공부법' 에 대한 흥미로운 이야기를 들려주면서, 성공하고 싶다면 'IQ를 잊어라. 흥미있는 분야에 한 우물을 파라' 고 이야기했다.

자기에게 흥미가 있고 또 잘할 수 있는 한 가지 일에 승부를 걸고 전력투구하면 누구나 성공할 수 있다는 것이다.

2. 주목받는 강점이론

강점이란 무엇인가

요즘 미국 뉴욕타임스 베스트셀러가 된《강점에 올인하라》는 책이 있다. 네브라스카대학의 교육심리학 교수 도널드 클리프턴 박사의 저서로 특별한 성공의 길잡이로 주목을 받고 있다.

그는 교육심리학 석사과정을 밟고 있을 때부터 동료들과 더불어 '인간의 약점 대신에 강점(强點)을 연구한다면 어떤 결과를 얻게 될까?' 라는 단순한 질문에 매달렸다.

이 질문으로 인해 40년간에 걸쳐서 인간의 강점을 연구한 끝에 인간의 강점을 최대로 활용하기 위한 '강점이론' 을 확립했다. 이 것은 우리가 소중한 시간과 노력을 낭비하지 않고 진정한 성공으로 이끌어주는 성공에 관한 새로운 비전을 제시한 것이다.

강점이론은 한마디로 요약하면 '약점을 고치는 대신 자신의 강점에 시간과 에너지를 집중하여 탁월한 성공을 얻자'는 것이다.

　다시 말하면 약점을 고쳐야 성공할 수 있다는 착각에 빠져 많은 사람들이 약점을 고치려고 많은 시간과 노력을 기울이고 있지만, 실제로는 약점이나 문제점을 모두 고친다도 해도, 단지 약점과 문제점이 없는 평범한 수준에 머무를 뿐 탁월한 수준에 도달하는 것은 아니기 때문에, 약점을 고치기보다는 자신의 강점에 노력을 집중하는 것이 성공을 이루는 지름길이 된다는 것이다.

　클리프턴 교수가 말하는 강점이란 단순한 재능을 넘어서 반복적으로 성공의 결과를 가져오는 능력을 가리킨다. 따라서 강점은 타고난 재능에 지식과 기술을 더한 것이다.

　우선 초보적인 관점에서 본 강점은 자기가 '잘하는 것'을 말한다. 말을 잘한다거나, 피아노를 잘 치거나, 배구공을 남보다 정확하게 때릴 수 있는 것 등 '표면적으로 드러난 능력'과 같은 것이다.

　그런데 피카소나 윈스턴 처칠이 세계적인 화가가 되고 위대한 정치가가 된 것은, 단지 그림을 잘 그리는 능력이나 뛰어난 웅변 능력만으로 된 것은 아닐 것이다. 아마도 그들에게는 훌륭한 사람이 되고자 하는 강력한 욕구가 뒷받침되었기에 가능했을 것이다.

　따라서 좀더 넓은 관점에서의 강점은 앞에서 말한 '표면적인 능력' 뿐만 아니라, 내면적인 욕구(자부심, 의지, 열정, 용기, 승부욕, 인내)까지 포함하는 것이다.

흰히 성공은 노력하기에 달려 있다고 말한다. 그래서 누구나 어떤 분야에서든 열심히 노력만 하면 성공할 수 있다는 착각을 불러일으킨다. 물론 진정으로 열심히 노력한다면 일시적인 성공을 거둘 수도 있다.

그러나 지금처럼 경쟁이 가속화하는 상황에서 탁월한 성공을 얻으려면 과거와 다른 방법을 택해야 한다. 노력만으로는 불충분하다. 이제 자기의 강점을 찾아내 거기에 올인해야 한다는 것이다.

강점이론을 실증한 오프라 윈프리

전세계 1억 4천만 시청자를 울리고 웃기는 미국의 저명한 여성 앵커 오프라 윈프리. 그녀야말로 강점이론의 성과를 실증해주는 좋은 본보기다.

그녀는 인종차별이 극심한 미시시피주의 흑인 가정의 사생아로 태어났다. 부모와 헤어져 외할아버지와 외할머니 슬하에서 가난을 숙명처럼 받아들이고 살아야 하는 열악한 환경에서 자란 그녀는, 갈등과 좌절 속에서 방황하다가 마약을 하고, 몇 명의 친척들과 주변 사람들로부터 성폭행을 당하여 열네 살에 미혼모가 되기도 하고, 돈을 훔쳐 가출했다가 감호원에 수용되기도 했다.

열등감으로 생긴 부정적인 감정 때문에 자포자기한 채 비행을 일삼았던 그녀였지만 차츰 자각이 들기 시작하자 '나도 언젠가는 내가 무엇인가를 해낼 수 있다는 것을 꼭 보여주고야 말겠다'는 강력한 소망과 뜨거운 열정이 생기기 시작했다.

이러한 굳은 결심과 의지는 어릴 때부터 타고난 남다른 특출한 재능 즉 유창한 말솜씨를 살려 그녀를 최고의 토크쇼 진행자로 만들어 주었다.

어릴 때 그녀는 외할머니를 따라 교회에 나갔는데, 목사님은 가끔 그녀에게 성경암송을 시키곤 했다. 그녀는 그 긴 성경구절을 빠짐없이 암송하였을 뿐만 아니라, 유창하게 말하는 솜씨가 뛰어나 교인들을 놀라게 하곤 했다. 그런 오프라를 보면서 주위 사람들은 천재가 났다며 '크게 될 아이'라고 감탄해마지 않았다.

그녀는 주위 사람들의 이런 말을 믿었고 자신을 축복과 은총이 넘치는 지금의 자리로 이끌어왔다고 믿고 있다.

그녀가 방송인으로 성공할 수 있었던 근본적인 요인은 자기의 강점을 살릴 수 있는 안성맞춤의 일자리를 찾았다는 것과, 최고를 향한 끊임없는 도전이 있었기 때문이다.

그녀는 최고가 되기 위해 끊임없이 새로움과 성장을 추구해왔다. 그러기 위해 피나는 노력을 했으며, 특히 엄청난 양의 독서를 통하여 상당히 높은 지적 수준을 갖게 됨으로써, 풍부한 이야깃거리로 시청자들의 마음을 사로잡을 수 있는 강력한 무기가 되게 하였다.

아직도 그녀를 시기하는 사람들이 그녀의 과거를 들먹일 때마다 '그래서 뭐 어쨌는데? 그러니까 오프라 윈프리가 아니냐?'며 당당히 항변하고 나선다.

1998년 미국에서 가장 존경받는 여성으로 힐러리 클린턴에 이어 두 번째로 뽑힌 그녀는 자신의 강점을 찾아서 전력투구함으로써 탁월한 성공에 이른 당찬 여걸로 우리 시대에 가장 영향력 있는 방송인으로 두각을 나타내고 있다.

제3절

강점을 어떻게
발전시킬 것인가

1. 강점을 발전시키고 약점을 관리하라

사람은 누구나 독특한 강점을 갖고 있다. 이 강점을 찾는 일은 성공하는 데 꼭 필요한 조건이므로, 자기의 강점을 찾는 일에 깊은 관심을 가져야 한다.

클리프턴 교수에 따르면 강점의 단서는 현재의 모습 속에서만 찾을 수 있는 것은 아니며, 어린 시절의 기억 속에서도 발견할 수 있으므로, 주의를 기울이면 누구나 발견할 수 있다고 한다.

첫 번째 단서, 동경(憧憬)

자기의 마음속에 어떤 동경이 있는지 살펴보자.

동경이란 어떤 일에 마음이 팔려 그것만을 간절히 그리워하거나 바라는 것인데, 불현듯 '나도 저렇게 해보고 싶다. 나도 저 사람처럼 잘할 수 있을 거야!' 하고 생각해본 일이 있었다면 그것이 자기의 강점을 찾는 실마리가 될 수 있다.

어느 심포니교향악단의 지휘자는 중학생 시절에 자신의 강점을 찾았다고 한다. 그는 첼로 연주자로 교내 교향악단에서 연주를 하던 중 문득 연단에 올라가 지휘봉을 잡고 싶은 생각이 들었다. 내가 지휘봉을 든다면 선생님보다 더 잘할 수 있다는 확신이 생기자, 그는 용기를 내어 선생님에게 지휘를 해볼 수 있는지 물었다.

그러자 선생님은 '물론이지. 한번 해보렴' 하며 지휘봉을 건네주었다. 그것이 계기가 되어 지휘자로 성공할 수 있는 길이 열렸던 것이다.

두 번째 단서, 만족감(滿足感)

자기가 하고 있는 일에서 만족감을 느끼고 있는지 살펴보자.

만족감이란 마음의 흡족한 느낌을 말하는 것인데, 내가 하고 있는 일에서 언제나 만족감을 느낄 수 있다면, 그것은 곧 강점으로 발전할 수 있는 소지가 있다고 볼 수 있다.

만족감은 자기가 하고 있는 일 속에서 얻어지는 정신적인 보상인데, 이러한 보상을 통해서 그 일에 대한 열의가 유지되어 또 다른 성공의 결과를 가져오며 성공은 다시 만족감을 일으킨다. 이러한 과정이 반복되면서 재능이 진정한 강점으로 발전하는 것이다.

베스트셀러 요리책을 연달아 내고 TV프로그램에도 출연하는 어느 유명 요리사는, 자신이 만든 요리에 언제나 만족감을 나타낸다고 한다. 이것은 자기가 하는 일에 긍지와 자신감이 있기 때문에 스스로 만든 음식에 감탄사를 연발하며 만족해 한다는 것이다.

이러한 만족감을 느낄 수 있는 분야의 재능은 진정한 강점으로 발전할 수 있는 단서가 된다. 그러나 재능이 있다고 하더라도 하는 일에 만족감을 느낄 수 없다면 강점으로 발전할 수 없으며 언젠가는 지치고 말 것이다.

세 번째 단서, 빠른 학습속도

자기가 어떤 일을 새롭게 배우려던 일들을 떠올려보자.

새롭게 배우는 과정에서 빨리 배우게 되는 일이 있고, 느리게 배우게 되는 일이 있고, 아무리 배워도 숙달되지 못하는 일이 있다.

이 중에 어떤 일에 자기에게 재능이 있다고 볼 수 있을까? 당연히 빨리 배우게 되는 일일 것이다. 특히 '아, 이 일은 내가 오래 전부터 알았던 것 같다' 는 느낌을 갖는다면, 그 일에서 뛰어난 능력을 발휘할 수 있는 소지가 있다고 볼 수 있다.

반면에 '느리게 배우게 되는 일' 이나 '아무리 배워도 숙달되지 못하는 일' 에는 강점으로 발전할 소지가 없다고 보아야 할 것이다.

따라서 어떤 일을 배울 때 속도가 느리거나 잘 이해가 되지 않는다면, 나에게 그런 일에 강점이 없다는 것을 드러내는 것으로 알아야 한다.

이제 우리는 빨리 배우게 되는 일에 열정을 가지고 꾸준히 노력하여 강점을 발전시켜나가야 한다.

강점을 발전시키는 방법

자기의 강점을 가지고 탁월한 성공을 이루려면 어떤 일을 하든 자신의 강점을 반복해서 활용해야 한다. 탁월함은 하나의 강점을 반복함으로써 계발되기 때문이다. 따라서 잘하는 일(강점)을 찾아서 반복적으로 활용하게 될 때 탁월한 성공을 기대할 수 있다.

그럼 강점을 발전시키려면 어떻게 해야 할까?

첫째, 하나의 강점을 선택해서 집중한다.

어느 유명한 성악가는 교사가 되고 싶어 사범대학에 다녔지만, 성악에도 소질이 있어 훌륭한 성악가의 지도를 받으며 목소리를 훈련하는 일에도 온힘을 기울였다. 그는 선생님도 되고 싶고 성악가도 되고 싶었던 것이다.

그러나 졸업할 때가 되자 고민에 빠졌다. 그때 아버지는 이렇게 조언을 해주었다.

'두 개의 의자에 앉으려고 하면 그 사이로 떨어지고 만다. 한 개의 의자를 선택하도록 해라'

그는 결국 성악가가 되기로 결심했고 여기에 집중함으로써 세계적인 테너가수가 되었다.

하나의 강점을 선택하는 일은 쉬운 일이 아니다. '정말 이것으로 성공할 수 있을까?' 하는 의구심도 생길 것이다. 하지만 심사숙고해서 한 가지 강점만을 선택해야 한다.

강점을 발전시키는 방법은 하나의 목표를 선택하여 거기에 집중하는 것이다. 어느 한 분야를 선택하여 집중적으로 발전시키지 않으면 결코 탁월한 성공은 기대할 수 없다.

둘째, 강점을 반복적으로 활용한다.

어느 유명한 골퍼는 PGA(미국남자프로골프협회)투어에서 열일곱 번이나 우승한 유능한 골퍼지만, 골프투어시즌이 시작되기 전에 매일 2,000번이나 넘는 샷을 날린다고 한다.

재능을 가지고 있는 것만으로는 충분하지 않다. 그렇기 때문에 정상에 오른 사람들은 한결같이 연습을 게을리하지 않는다는 특징이 있다. 그들은 본능적으로 '강점이 있는 분야에서 연습을 거듭해야 완벽해진다'는 사실을 알고 있기 때문이다.

탁월한 성공을 원한다면 잘하는 일을 선택해서 꾸준히 반복하여 활용한다는 가장 확실한 법칙을 지켜야 하는 것이다.

클리프턴 교수는 탁월한 성공에 도달하려면, 약점을 직접적으로 고치기보다는 다른 방법을 통해서 관리하면서 자신의 강점에 모든 노력을 집중해야 한다고 했다.

약점은 고치기도 쉽지 않지만, 고친다고 해도 단지 약점과 문제점이 없는 평범한 수준에 이를 뿐이지 그것으로 남보다 뛰어난 수준에 도달하는 것은 아닌 바에야 차라리 그 많은 시간과 노력을 자기의 강점을 더욱 강화하는 것에 집중하는 것이 탁월한 성공에 이르는 지름길이 된다는 것이다.

그렇다고 약점을 처음부터 회피하거나 방치하는 것이 아니라, 원하는 만큼 충분히 시도해봐도 고쳐지지 않으면 그때부터는 그 약점을 관리해나가는 것이다.

그럼 약점을 효과적으로 관리하는 방법은 무엇인가?

첫째, 약점이 있는 분야에서 과감하게 벗어난다.

어느 편의점 체인을 운영하는 사장은 값비싼 물건을 위주로 판매전략을 세워 많은 소비자를 확보하여 큰 수익을 올리고 있었다. 그런데 열 개의 편의점 중에서 두 개의 편의점이 60%에도 못 미치는 매출로 적자를 면치 못하고 있었다.

이를 정상화하기 위해 판매사원을 교체하고 점포운영을 직접 관리하는 등 모든 수단을 동원하여 집중적인 지원을 했지만 매출은 늘지 않았다. 부득이 두 개의 편의점을 폐쇄하고 거기에 투입하던 노력을 나머지 여덟 개의 편의점으로 돌렸다.

많은 노력을 기울이는데도 불구하고 성과가 오르지 않으면 거기에 집착할 필요가 없다. 과감하게 그 일에서 물러나야 한다.

약점이 있는 분야에서 벗어나는 일은 쉬운 일이 아니어서 용기가 필요하다. 누구든 하던 일에서 손을 떼기가 어렵지만, 가능성이 없는 일에 매달리는 것처럼 어리석은 일은 없다. 그것은 공연한 시간과 노력의 낭비만 가져올 뿐이다.

둘째, 자기가 잘하지 못하는 일은 남의 도움을 받는다.

어니스트 헤밍웨이와 포크너는 그들의 잘못인 문법상의 오류를 직접 고치려고 하지 않았다. 그런 일은 출판사의 교정과 편집을 담당하는 사람들에게 맡겨 도움을 받았다.

그 대신 그들은 풍부한 체험과 상상력을 글로 표현하는 작가의 재능을 발휘하는 일에 집중함으로써 위대한 작가로 성공할 수 있었다.

아무리 유능한 사람이라도 모든 일을 다 잘할 수는 없다. 잘하지 못하는 일에 매달려 많은 에너지를 소모할 것이 아니라 잘하지 못하는 일은 그 일을 잘하는 사람의 협력과 도움을 받아 이루어나가는 것이 훨씬 능률적이고 효과적인 관리방법이 되는 것이다.

셋째, 대치할 수 있는 창조적인 대안을 찾는다.

어느 베스트셀러 작가는 책을 쓰기 위해서 늘 새로운 정보를 얻고 자료를 정리해야 했다. 그래서 가끔은 조용한 곳에 가서 집필을 하려고 해도 그간에 모아두었던 메모, 노트, 스크랩 등의 자료들을 가져가는 일이 늘 짐이 되었다.

그는 수집한 자료를 정리하여 손쉽게 찾아볼 수 있는 방법을 찾다가 노트북을 마련했다. 이제 그는 노트북으로 자료를 정리하고 언제 어디서든 편리하게 이용할 수 있어 집필하는 데만 힘을 기울일 수 있게 되었다.

결국 약점을 관리한다는 것은 강점을 강화하는 일에 집중함으로써 약점을 압도하기 위함이다. 약점을 고치려는 시도는 지나친 낭비이며 강점에 집중해야 할 시간과 에너지를 소진하는 일이다.

2. 강점에 전력투구하라

핵심을 찾아 집중하라

목표가 선정되고 그 일에 확신이 서면 하는 일에 최선을 다하여 전력투구해야 한다. 야구시합을 할 때 투수는 전력을 다하여 공을 던진다. 우리는 그런 정신으로 자기가 하는 일에 전력투구해야 한다. 온 정성과 온 힘을 목표에 집중해야 한다. 전력투구는 무에서 유를 창조하는 힘이요, 불가능을 가능으로 만드는 원동력이다.

앤드류 카네기는 마침내 세계제일의 강철왕이 되었을 때 자기는 오직 1인자가 되기 위해 주어진 일에 전심전력을 다했기 때문에 성공한 것이라며 최선을 다하여 전력투구하는 것이 성공의 비결이라고 토로한 바 있다. 결국 성공에 이르는 기본적이고도 필수적인 요건은 최선을 다하여 전력투구하는 것이다.

그럼 무엇에 전력투구할 것인가?

두말할 것 없이 자기가 하고 싶은 일, 그 중에서도 자기가 가장 잘할 수 있는 일, 즉 자기의 강점에 전력투구하는 것이다. 이 길이 탁월한 성공에 이르게 되는 첩경이 되기 때문이다.

토머스 에디슨은 '성공의 첫 번째 요건은 육체적·정신적 에너지를 낭비하지 않으면서 하나의 문제에 집중할 수 있는 능력이다'라고 지적하고 있다.

자기가 잘할 수 있는 강점에 전력투구하는 것, 이것이 탁월한 성공에 이르는 지름길이다.

열정을 가지고 전력투구하라

대우중공업에 사환으로 입사하여 피나는 노력과 끊임없는 도전으로 품질관리분야에서 우리나라 최고의 기능인으로 인정되어 대한민국 명인명장(名人明匠)이 된 사람이 있다.

그 이름 김규환, 그는 강원도 첩첩산중에서 화전민의 아들로 태어나 초등학교 학력이 전부이지만, 남다른 성실성을 인정받아 정식기능공으로 일하게 되면서 열심히 공부한 끝에 국가기술자격증을 취득하고, 5개국어를 구사하며 기능대학을 졸업하고, 60여 개의 초정밀부품의 국산화를 이루어낸 발명가이기도 하다.

가난과 무지를 극복하고 땀과 희망으로 꿈을 이루어온 그의 특별한 이력은 각종 매스컴에 소개되어 화제를 불러일으켰지만, 그의 삶의 과정은 한마디로 피눈물나는 도전의 연속이었다.

그는 한 가지 일에 매달리면 끝장을 보고야 마는 무서운 집념과 열정으로 뭉친 사람이었다. 그래서 그는 이길 때까지 싸우고 될 때까지 도전했다.

국가기술자격증(기계가공기능사2급) 시험에 도전했을 때는 워낙 기초학력이 부족해 자그마치 아홉 번 낙방하고 열 번째 합격했다. 칠전팔기(七顚八起)란 말이 있지만, 그는 구전십기(九顚十起)의 끈질긴 도전자였다. 2급에서 다시 1급자격증을 딸 때도 여섯 번 도전 끝에 취득할 수 있었다. 참으로 대단한 집념이요, 피땀어린 노력의 빛나는 성취였다.

수많은 실패를 거듭했지만, 그는 실패를 성공으로 가는 과정으로 여겼다. 아홉 번 떨어지고도 오뚝이처럼 다시 일어나 열 번째로 도전하는 그 백절불굴의 도전정신이 그를 최고의 명인명장으로 만든 것이다.

그러나 이 모든 성취는 그의 남다른 불타는 열정이 있었기 때문이었다. 그 열정이 그를 성공으로 이끌어준 것이다.

미국의 철학자인 에머슨은 '아무리 위대한 것도 열정 없이 성취된 것은 없다'며, 열정은 곧 힘이라고 말했다. 일의 성패를 결정짓는 것은 바로 열정이기 때문이다. 일을 즐기면서 한다 해도 열정 없이는 성공하지 못한다. 아무리 맡은 일에 열심히 하는 사람이라도 열정을 가지고 일하는 사람을 당해낼 수가 없다. 하고 싶은 일을 찾아 또 잘할 수 있는 일에 열정을 가지고 전력투구하라. 성공은 여러분의 것이 될 것이다.

절대로 포기하지 말라

미국 메릴랜드주에서 살던 젊은 농부 데이비는 온 나라를 뒤덮은 황금광 열풍에 휩쓸려, 얼마간의 재산을 정리하여 콜로라도주의 금광지로 향했다. 그곳에서 그는 굉장한 금광을 발견하고 금을 캐내기 시작했다. 이윽고 최초로 채굴된 금이 화차에 실려서 제련소에 보내졌다. 그렇게 한번만 더 보내면 투자액은 전부 회수되고 그 뒤는 모두 벌어들이게 되는 상황이었다.

그런데 어찌된 일인지 갑자기 금맥이 끊어져버렸다. 그럴 리가 없다고 필사적으로 파보았지만 헛일이었다. 그는 결국 단념하고 기계를 헐값으로 팔아버리고 맥없이 고향으로 돌아왔다.

한편 기계를 산 고물상은 광산기사를 고용해서 전문적으로 조사하게 하였던 바, 데이비가 마지막으로 파던 곳에서 불과 1미터 앞에 금맥이 있음을 발견했다. 그 고물상은 수백만 달러의 재산을 벌었다.

데이비는 큰 부자가 될 좋은 기회를 잡았으면서도 마지막 단계에서 끈기가 모자라 아깝게도 기회를 놓치고 만 것이다.

뒤늦게 신문보도를 보고 이 사실을 알게 된 데이비는 발을 구르면서 원통해 했다. 그러나 그도 걸물이었다. 그는 생명보험회사의 외판사원이 되어서 그 쓰라린 경험을 살렸다. 그는 보험에 들기를 권유해서 거절당할 때마다 언제나 마음속으로 다짐했다.

'나는 의지가 약했기 때문에 1m 앞에 있는 황금을 놓치고 말았다. 이젠 두 번이고 다섯 번이고 거절당하더라도 결코 단념하지 않겠다' 라고.

그는 끈기와 참을성으로 보험가입을 권유하며 한 달에 백만 달러 이상의 고객유치에 성공하여 수백만 달러의 재산을 모았다.

모든 실패의 공통된 원인은 실패에 직면했을 때 쉽게 포기하고 좌절했다는 데 있다.

실수나 실패를 한번도 하지 않은 사람은 없다. 지금 일류선수가 된 운동선수들도 수많은 실패를 거듭하면서 성장했고, 또 지금은 재벌이 된 경영자들도 수많은 실패를 경험하면서 성장해온 사람들이다.

패배하는 사람과 성공하는 사람의 차이는 그 실수나 실패 때문에 좌절해서 주저앉느냐, 그것을 경험으로 삼아서 더욱 분발하고 노력하느냐의 차이에 있다. 대부분의 실패는 개선하고 노력하면 뛰어넘을 수 있는 실패이다. 일시적인 실패를 영원한 실패로 착각하여 포기하고 좌절하는 데에 실패의 원인이 있다.

실패를 극복하기 위해서는 그 실패를 거울 삼아 충분히 그 원인을 분석하고 검토하여 반성하고 새로운 방법을 강구하여 다시 목표에 도전하는 칠전팔기하는 용기를 가져야 한다. 실패는 결코 패배가 아니라 성장하기 위한 시행착오이다. 절대로 포기하지 말고 오뚝이처럼 다시 일어나 다시 도전하라.

　기약된 미래는 결코 포기하지 않는 사람의 몫이다.